«GLAMOUR»

Della stessa autrice

ASSOLUTAMENTE GLAM!
IO COMPRO DA SOLA
L'ABITO FA IL MANAGER

Principesse si diventa

Cinzia Felicetti

Sperling & Kupfer

PRINCIPESSE SI DIVENTA

ISBN 978-88-200-4454-1
37-I-08

V EDIZIONE

Illustrazioni di Antonella Cucinotta.

Alle mie lettrici,
le splendide Principesse
che hanno ispirato questo libro.

Indice

Etiquette, s'il te plaît

Questione di stile

Very «profashional»

Prêt-à-party

Il meglio di un uomo

Invito a nozze

Introduzione

Il pianeta Venere è popolato di Principesse in incognito o, ancora più spesso, totalmente inconsapevoli del loro naturale splendore. Creature sublimi condannate a baciare rospi che rimangono tali; lavoratrici instancabili, schiavizzate dal palmare BlackBerry e senza neanche la possibilità della sosta tecnica per un pediluvio; campionesse di virtù, malauguratamente concentrate sui propri minuscoli difetti; edoniste mancate, che sognano un castello superaccessoriato ma sono costrette a stringersi in un monolocale con il loro guardaroba king size...

È proprio per loro – anzi, per tutte noi! – che ho deciso di sparare alto e di assegnare a questo mio quarto libro un compito molto ambizioso: quello di aiutarci a riesumare metaforicamente la tiara di brillanti dimenticata in un cassetto, svelandoci i segreti per prenderci cura di noi stesse come farebbe il più innamorato dei fidanzati, gratificarci con amorevole indulgenza se abbiamo bisogno di una coccola speciale, risultare *profashional* (leggi «professionali» senza rinunciare allo stile) anche sotto pressione e «trasgressivamente garbate» nelle occasioni sociali, dove purtroppo la maleducazione tende a essere sempre più protagonista.

L'invito di questo master in «principessitudine», in altre parole, è di mettere noi stesse in cima alla lista delle nostre priorità, per dare spazio alla donna meravigliosa che possiamo essere. E di impegnarci in prima persona alla realizzazione della nostra fiaba personale – anche in temporanea assenza di un Principe azzurro – per fare in modo che continui, alla faccia dei film romantici, pure dopo l'happy end e i titoli di coda.

«Comportati sempre come se portassi sulla testa una corona invisibile.»

Anonimo

Principesse
si diventa

Scopri il tuo Q.P. (Quoziente Principesco)

Se questo fosse un mondo perfetto e la chirurgia un Miracolo con l'iniziale maiuscola, ci sarebbero interminabili liste d'attesa per il trapianto del secolo: la testa raziocinante dei quarant'anni cucita sul corpo scattante dei venti. Già, perché l'autostima rappresenta per la maggior parte di noi una conquista tardiva e strasudata. È la meritata quiete dopo anni tempestosi passati a credere di non essere «abbastanza» (belle, brave, intelligenti, accondiscendenti, push-uppate...).

Questa fatica a credere in noi stesse e a promuoverci come ci meritiamo – ossia come un marchio di successo – ci accomuna più del ricamo al Club Femminile del Piccolo Punto e risale a un senso di inadeguatezza maturato sotto lo sguardo di un genitore autoritario, forgiato da un insegnante esigente, rafforzato da un partner incontentabile. Il fatto è che spesso, anche quando potremmo liberarci finalmente dai condizionamenti passati, ci scopriamo a introiettare la nostra personale collezione di indici puntati sfruttando ogni occasione per criticarci o dirci che avremmo potuto comunque fare meglio.

«La mia lezione di vita? Quella di non giudicarmi mai attraverso gli occhi di qualcun altro.»

Sally Field

Ti ami... ma quanto ti ami?

Ho deciso che nella prossima reincarnazione – a patto di non trovarmi trasformata in un bruco (il che costituirebbe un duro colpo per il mio lato fashion victim, ma almeno cancellerebbe l'incubo della ceretta mensile!) – mi ricorderò fin dal primo giorno che cercare di ottenere la mia approvazione prima di quella esterna significa orientare il barometro dell'umore sul bello stabile. Perché la felicità diventa più duratura quando ce ne assumiamo la responsabilità in prima persona e smettiamo di delegarla agli sbalzi ormonali degli altri o alle congiunzioni astrali di Branko.

Nel caso sia iscritta anche tu all'Associazione Ipocondriaci Anonimi, avrai sicuramente sperimentato che la considerazione che abbiamo di noi stesse funziona come un sistema immunitario interiore. Influisce, tanto per cominciare, sulla capacità di rialzarci dopo una sconfitta e di sopravvivere ai cattivi ragazzi che ci piacciono tanto ma poi ci calpestano più del tapis roulant della palestra. In generale, quando la stima di sé gode di ottima salute determina la sana decisione di fissare la propria residenza al settimo cielo (dove, tra l'altro, non è prevista neanche l'ICI sulla prima casa).

«Il segreto del successo non è nell'essere infallibili, ma nel rimetterci in piedi ogni volta che falliamo.»

Ralph Waldo Emerson

In un'ipotetica «lista della resa», credere nelle proprie capacità significa: 1) diventare automaticamente più ambiziose; 2) comunicare in modo convincente – ergo realizzare in tempo reale – idee e progetti; 3) sviluppare uno scudo potentissimo rispetto a colleghi invidiosi & partner vampiri; 4) instaurare relazioni positive e costruttive. Il nostro livello di autostima, infatti, attrae le circostanze e i rapporti che inconsciamente sentiamo davvero di meritarci, ma che non sempre coincidono con ciò che giuriamo di volere... a parole.

«Il modo in cui tratti te stessa rappresenta il parametro di riferimento per gli altri.»

Sonya Friedman

Una vera Principessa sa che la serenità – ossia il più prodigioso antidoto contro le rughe d'espressione – dipende dalla sua visione della vita e non dalla quantità di cose positive che le accadono. Per questo si impegna quotidianamente ad accrescere i momenti di gioia personale coccolandosi, nutrendo i pensieri che la fanno stare bene, sforzandosi di vedere la metà piena del bicchiere e allontanando eventuali ansie o paure per l'avvenire rimanendo concentrata sull'istante che sta vivendo. Non conosco l'autore della frase che segue, ma colgo l'occasione per ringraziarlo e informarlo che ne ho fatto il mio mantra: «I vincenti cercano sempre una soluzione; i perdenti trovano sempre una scusa».

Nessuna è imperfetta

Credo che amarsi profondamente significhi accettare il pacchetto completo della propria unicità, compresa l'inevitabile *dark side* fatta di spigoli, ruvidezze, zone d'ombra (in altre parole, quello che viene bollato sbrigativamente come «cattivo carattere»). Il verbo «rispettarsi», nel vocabolario di una Principessa, vuol dire ammettere di provare a volte quei sentimenti che non ci rendono particolarmente fiere di noi stesse – invidia, collera, risentimento... – e cercare di capirne l'origine anziché condannarli, perché non si tratta di tatuaggi indelebili del DNA, ma solo della manifestazione momentanea di una paura o di una frustrazione repressa.

> *«Sii sempre la versione 'prima classe' di te stessa, piuttosto che la seconda di un'altra persona.»*
>
> *Judy Garland*

Allo stesso modo, è sempre un'ottima idea evitare di darsi della stupida o di autoflagellarsi quando si commette un errore (ritenuto «umano», tra l'altro, sin dai tempi di Seneca...). Trattasi di una specialità, ahimè, tutta femminile, che contribuisce solo a rafforzare nei profondi strati della consapevolezza la convinzione di essere delle incapaci, rendendoci ancora più timorose e titubanti. Personalmente ho imparato ad accogliere i miei sbagli come ottime occasioni di apprendimento e – quando mi sento particolarmente ispirata – a riderci addirittura sopra.

Per rimanere in tema autobiografico, ho scoperto che anche il perfezionismo deprime. Collegato spesso all'incapacità di delegare, ci porta ad addossarci quantità incredibili di lavoro, a tormentarci di fronte a ogni decisione, a scambiare per cantonate imperdonabili delle pecche veniali e, in generale, a non essere mai soddisfatte di noi stesse, con ripercussioni nefaste sulle malefiche rughe glabellari, per via dell'aggrottamento perenne del sopracciglio!

L'uscita di sicurezza – per evitare di svenarsi con il botox – consiste nello stabilire in anticipo il livello di precisione con cui vogliamo venga svolto un compito (avvertenza per le colleghe del segno della Vergine: non può essere sempre «undici», nella scala da uno a dieci!). Valutazione che andrà fatta in base alla sua importanza oggettiva e al tempo a nostra disposizione, in modo da prefissarci degli standard qualitativi r-e-a-l-i-s-t-i-c-i e far sì che il dovere non finisca per fagocitarsi le piccole oasi di piacere.

«Dobbiamo impegnarci a essere i nostri migliori amici, perché si cade troppo facilmente nella trappola di diventare i propri peggiori nemici.»

Roderick Thorp

Una Principessa iscritta al M.A.R. (Master Avanzato di Regalità) cerca di rimanere sintonizzata sulle priorità che per lei contano davvero, arginando l'invadenza altrui oppure declinando all'occorrenza qualche invito, senza per questo sentirsi in colpa oppure in dovere di giustificarsi con una montagna di scuse. Il suo traguardo è di viaggiare «leggera», senza troppe zavorre emotive; il che, come bonus extra, ha ottime ripercussioni sul portamento.

Questo non significa affatto essere insensibili nei confronti del prossimo, bensì seguire nella vita di tutti i giorni le indicazioni sull'uso della maschera a ossigeno fornite in aereo, che prescrivono di applicarla innanzitutto su se stesse, per poi essere in grado di soccorrere efficacemente chi è seduto accanto a noi. Tralasciare la cura del nostro piccolo giardino personale per metterci a completa e perenne disposizione dei satelliti che ci gravitano intorno finisce infatti, dopo un'illusione di filantropica onnipotenza, per farci sentire frustrate, prosciugate, incapaci di rappresentare un aiuto stabile e un sostegno per chi conta su di noi.

Nient'altro che l'integrità

Un'altra insidia, soprattutto per le Principesse che stanno per iscriversi al livello *beginners* di questo ipotetico master, è rappresentata dai fidanzati affetti dalla nota sindrome dell'io-ti-cambierò («Per il tuo bene», naturalmente...). Peccato che, a furia di ricoprirci di critiche «costruttive», finiscano per ridurci come Wile Coyote dopo la caduta dell'inevitabile macigno! Possedere una sana autostima, al contrario, ci porta ad amare persone che non ci vedono come se fossimo il promettente tugurio da ristrutturare del programma *Extreme Makeover: Home Edition*, ma come una casetta deliziosa anche con tutte le sue piccole crepe, la macchia di caffè sul divano e le tende in perenne lista d'attesa per un orlo.

> *«Nessuno ha il potere di farti sentire inferiore senza il tuo consenso.»*
>
> *Eleanor Roosevelt*

La vera sfida, di questi tempi, consiste nel rimanere fedeli a se stesse senza compromessi, rifiutandosi di calpestare valori o convinzioni personali per comprarsi una fetta di potere o un'illusione di notorietà, in base al noto principio: meglio una vita da Principessa in incognito che dieci minuti da velina senza tiara. L'integrità, considerata da molti un accessorio fuori moda, incompatibile con l'ambizione, regala al contrario una gioia sotterranea, che finisce per nutrire una determinazione pulita e tenace, in grado, all'occorrenza, di smuovere le montagne per realizzare i propri sogni.

Detto questo, un'autentica Principessa sfodera un atteggiamento aperto e rilassato verso le critiche realmente costruttive, che accoglie come un'ottima occasione per migliorarsi invece di considerarle un giudizio negativo sulla sua persona. Coerentemente, non ha l'abitudine di dichiararsi d'accordo o di schierarsi con qualcuno solo per compiacerlo. E non rinuncerebbe per nessuna ragione al mondo a esprimere le sue idee, anche quando sono diverse da quelle della maggioranza.

> *«La sicurezza in se stessi non deriva dall'avere sempre ragione ma dal non temere di avere torto.»*
>
> Peter T. McIntyre

Altro indizio a conferma del suo sangue blu elettivo: non è assolutamente una fan del gossip. I pettegolezzi non solo non la divertono ma la fanno scappare a gambe levate (stiletti permettendo!), perché hanno notoriamente la pessima abitudine di tornare indietro come un boomerang. Inoltre, sono sempre in cerca di vittime e, quando non trovano qualche nuovo bersaglio, si rivalgono su chi ha acceso per primo la miccia. Se vorresti «uscire dal giro» ma non sai come fare, ti consiglio la cura infallibile che la scrittrice Victoria Moran ha attinto dalla saggezza indiana: «Ogni frase, prima di essere pronunciata, dovrebbe passare davanti a tre guardiani. Il primo chiede: 'È vera?' Il secondo: 'È necessaria?' Il terzo: 'È gentile?'» Un procedimento di filtraggio preventivo pari solo a quello del *ghee*, il burro chiarificato indiano!

Un segnale cardinale è quello che riguarda la riservatezza nella sfera personale e la determinazione a non svalutare i segreti più vicini al cuore spargendoli ai quattro venti. Qui Moran osserva: «Se svendi la tua privacy un bel giorno potresti scoprire di aver detto a tutti quelli che conosci quanto guadagni, le offese che hai subito, i particolari della tua vita sessuale, i tuoi sogni e le tue speranze. Questo farebbe di te una casa con porte e finestre spalancate. D'accordo, in questo modo la casa è aperta e arieggiata, ma è anche soggetta a furti e inondazioni».

Insomma, la vera forza di una Principessa è racchiusa nel suo amarsi incondizionatamente. Sa che quello instaurato con se stessa è l'unico rapporto destinato a durare tecnicamente per sempre, poiché l'accompagna dal primo all'ultimo respiro. E che, per potersi sentire libera, deve resistere alla comoda ma dannosa tentazione di far dipendere la propria gioia o realizzazione dagli altri.

Allo stesso modo, è convinta che una relazione debba rappresentare un valore aggiunto, altrimenti ne fa volentieri a meno. E contrariamente a molte sue amiche – che si fidanzano in modo seriale per la fobia di rimanere single – non ha paura dei periodi di solitudine, considerati funzionali al suo percorso di ricerca interiore.

> *«Finalmente ho smesso di scappare da me stessa. Ora mi apprezzo per quella che sono e non vorrei essere nessun'altra.»*
>
> Goldie Hawn

Basta il pensiero

Credo fermamente che il nostro equilibrio dipenda dall'atteggiamento mentale che decidiamo di adottare. E siccome ciò che si pensa è molto più importante di quello che si fa (considerato che da quella piattaforma decollano tutta una serie di azioni, scelte, reazioni, stati d'animo...) è fondamentale impegnarsi a non alimentare convinzioni negative. Una Principessa non si fa avvelenare dall'invidia e detesta lo sport di criticare tutti, ormai più praticato del golf. Al contrario, si sente autenticamente felice del successo delle persone che conosce, ama e stima.

Un suo segreto di benessere è racchiuso nella pratica – dichiaratamente post-new age – di riuscire a provare ancora stupore e gratitudine per la bellezza di un tramonto, la dolcezza inaspettata di un sorriso, la pienezza di un nuovo sapore, il profumo di un fiore... Coltivare la capacità di meravigliarsi per lei significa permettersi a tratti di rallentare, per soffermarsi sui dettagli, sulle sfumature.

> *«Per me la musica e la vita sono una questione di stile.»*
>
> *Miles Davis*

Vivere pienamente, secondo il vocabolario principesco, vuol dire godersi ogni istante rimanendo ancorate al presente – l'unica cosa certa e reale di cui disponiamo – senza farsi distrarre né dalla nostalgia per un passato che, in quanto tale, esiste solo nel ricordo, né dall'inutile tentazione di prevedere e controllare il futuro.

Personalmente ritengo che l'esistenza andrebbe attraversata e centellinata come un romanzo avvincente. Quando sei catturata da una storia esiste solo quello che accade in ogni singola pagina e ci rimani attaccata come un paguro allo scoglio, assaporando perfino le virgole, anche se la curiosità ti spingerebbe a bruciare le tappe, a saltare qualche capitolo per arrivare prima alla conclusione.

Perché tu vali!

I rospi che hai baciato finora non si sono mai trasformati in principi? Il mio consiglio è di non mollare assolutamente sul fronte della selettività e di utilizzare il tempo a tua disposizione per vivere la temporanea «singlitudine» in modo ultraromantico – ossia con grandi aspettative – cogliendo l'occasione per innamorarti ancora più profondamente di te stessa.

> *«Punta alla luna. Dovessi mancare il bersaglio, finirai comunque in mezzo alle stelle.»*
>
> Les Brown

Dedicarti alla sublime arte dell'autocorteggiamento significa, per esempio, regalarti un mazzo di tulipani bianchi in vista di un weekend rilassante *chez toi*, concederti la trasgressione di una tavoletta di cioccolato quando fai la spesa (a patto che sia ultrafondente e di ottima qualità), spruzzare il profumo sulle lenzuola anche se dormi da sola, apparecchiarti la tavola o il vassoio con cura meticolosa, come fa Jennifer Lopez nel film *Prima o poi mi sposo*, del 2001.

Io conservo ancora incastonato nella memoria come un prezioso smeraldo *Un bel atelier moderne*, un corto girato nel 1932 nella casa di Tamara de Lempicka in Rue Méchain, meraviglioso esempio di arredamento modernista. Durante il filmato – realizzato per il cinegiornale dell'epoca e proiettato alla mostra monografica allestita a Palazzo Reale a Milano dall'ottobre 2006 al febbraio 2007 – la famosa pittrice si preparava per la cena indossando un abito nero scollato e lunghi fili di perle. Poi si accomodava a capotavola, tra candelabri e posate d'argento, per assaporare in perfetta solitudine il suo pasto, servita da uno zelante maggiordomo.

Ti confesso sottovoce che ho preso l'abitudine di ripercorrere mentalmente quella scena, con funzione di antidoto/deterrente, tutte le volte che vengo assalita dalla pigrizia e sarei tentata di cavarmela velocemente con una scodella di corn flakes (o, peggio, con una pinta di gelato!) davanti a una puntata del mio serial preferito...

Credo sia davvero importante cercare di trattarsi sempre con i guanti bianchi: curare l'alimentazione e l'aspetto, andare regolarmente in palestra, tenere a bada lo stress ascoltandosi e concedendosi delle pause. E coccolandosi in mille modi diversi, che non vedo l'ora di svelarti nei prossimi capitoli.

> *«Se qualcuno decidesse di fare un film sulla mia vita, dovrebbe consegnare alla protagonista molta tinta per i capelli e tacchi altissimi.»*
>
> *Charlize Theron*

Ma prima di inaugurare ufficialmente il suo master, l'Università Virtuale per Principesse prevede un esame d'ammissione, finalizzato a valutare il livello delle iscritte. Quello che ti viene richiesto è di dedicare i prossimi dieci minuti all'identificazione del tuo attuale Q.P. (Quoziente Principesco), perché il risultato ottenuto e il relativo profilo ti permetteranno di personalizzare i contenuti dei singoli capitoli, glissando sulle parti che consideri già acquisite e soffermandoti su quelle che meritano un approfondimento, in modo da conseguire facilmente il tuo diploma con lode.

È arrivato il momento di prendere una penna o una matita (anche quella per il contorno labbra, se sei in zona beauty-case) e di rispondere istintivamente e sinceramente alle domande del test che segue. Se appartieni anche tu al segno della Vergine – un leitmotiv di questo capitolo: perdona lo spirito di parte... – sei autorizzata a usare un foglio volante, per evitare di rovinare il libro con le crocette. Ma siccome ho un debole per te, avrai modo di riflettere tra pochissimo sugli effetti nefasti che il tipico perfezionismo mercuriano ha sulla nostra «principessitudine».

Premessa essenziale: non abbatterti se il risultato finale si rivelerà più basso delle tue infradito Jack Rogers (le preferite di Jackie Onassis, ovviamente). Ti prometto che la lettura delle prossime pagine avrà il potere di farlo lievitare come un pandoro. Sfoggi già un livello di autostima avanzato? Questo manuale rappresenterà il tuo corso di specializzazione. (NB: se la penna che hai scelto per fare il test è una Montblanc Greta Garbo, puoi permetterti di saltare le domande a piè pari e passare direttamente alla lettura del terzo profilo: Tiara in platino e diamanti!)

Test di valutazione del tuo Q.P.

1. Hai voglia di cambiare radicalmente il tuo look...

a. Ti regali un tatuaggio tribale dietro il collo.

b. Inizi una dieta a pane e acqua, in vista della tua prima «gita» da Tiffany.

c. Prenoti tinta & taglio dal parrucchiere più *glamorous* della città.

2. Ti capita spesso di chiedere un consiglio?

a. Unicamente per questioni estetiche, come un taglio di capelli radicale.

b. Di continuo. Anche solo per scegliere i gusti del gelato.

c. No. A meno che non ci siano in ballo un cambio di lavoro o un trasferimento.

3. Hai un'ottima memoria, ma dimentichi sempre...

a. Il nome del tuo vicino di casa.

b. Che giorno è.

c. Di non essere famosa.

4. Ti consideri una fashion victim?

a. Sì. Ormai il tuo armadio rischia una crisi di identità, ma tu non sopravvivi senza gli accessori più trendy.

b. Assolutamente no: sei una che lo stile se lo costruisce su misura.

c. Non proprio... Però, a ogni cambio di stagione, studi le tendenze sulle riviste di moda e ti compri i pezzi clou.

5. Hai deciso di perdere un paio di chili:

a. Ti limiti a mangiare la parte esterna dei croissant.

b. Ti iscrivi subito a un centro Weight Watchers.

c. Punti la sveglia più tardi, per saltare la colazione.

6. Cupido esiste: Mister Palestra ti ha proposto di cenare con lui dopo la lezione di Total Body Workout. Chi paga?

a. Decidi al momento, in base al *mood* della serata.

b. Lui, senza ombra di dubbio. Te la vedi Audrey Hepburn che prende in mano il conto?!

c. Si fa alla romana: non vuoi rischiare di passare per una scroccona.

7. Ti rivelano un pettegolezzo incredibile, implorandoti di tenere la bocca cucita...

a. Ne parli solo alla tua amica del cuore.

b. Giuri che da te non uscirà niente, ma poi ti concedi un paio di eccezioni alla promessa.

c. Compri una scatola di cerotti: sarai una tomba.

8. Come ti comporti con le persone appena conosciute?

a. Ti sveli poco. La tua dote migliore è la capacità di ascoltare.

b. Fai un sacco di domande, cercando di limitare le risposte.

c. Sei estroversa e adori dare mille informazioni su di te.

9. Non sono previsti incontri ravvicinati del «solito» tipo. Leggi: un'ottima scusa per rimandare la lancinante ceretta all'inguine...

a. Questo è poco ma sicuro. Perché soffrire inutilmente?

b. Sì, ma solo se la ricrescita non ha ancora superato i livelli di guardia.

c. La depilazione non salta. Sentirti in ordine riguarda prima di tutto te stessa.

10. Stringi la mano a un ragazzo molto carino per la prima volta. A che cosa pensi?

a. Spero solo di non avere il rossetto sugli incisivi.

b. Stupiscimi con effetti speciali!

c. Di sicuro sta già meditando su come portarmi a letto.

11. Vi siete messi insieme! Quali sono le vere aspettative delle prime uscite con lui?

a. Vuoi che ti trovi unica, indimenticabile, insostituibile.

b. Innanzitutto, cerchi di capire se siete compatibili.

c. La tua priorità è di risultare piacevole e simpatica.

12. A un colloquio di lavoro, qual è la tua mossa segreta per fare un'ottima impressione sull'intervistatore?

a. Strategica: gli chiedi come ha fatto carriera in azienda.

b. Prudente: sorridi in silenzio.

c. Sensuale: ogni tanto ti accarezzi i capelli.

13. Sei assunta già da un paio d'anni, ma il tuo capo non ti fa avere la promozione che ti meritavi...

a. Dici, bluffando, che se non otterrai l'avanzamento oggi stesso accetterai un'altra offerta.

b. Pensi automaticamente di averlo deluso e ti butti a capofitto nel lavoro.

c. Ti informi sugli stipendi medi dei colleghi, esamini i tuoi reali progressi e poi chiedi di ridiscutere la posizione.

14. È appena iniziata una puntata del tuo serial preferito, quando squilla il telefono. È l'amica del cuore, che ha appena litigato con il marito...

a. Le dici: «Scusami, in questo momento sono impegnata. Posso richiamarti tra mezz'ora?»

b. Controvoglia, spegni la TV. Sarebbe troppo egoista negarle la tua completa attenzione.

c. Inizi a tossire, raccontandole che sei tramortita dall'influenza, ma che ti rifarai viva prestissimo.

15. Quando sei in coda ti capita di far passare avanti una persona che ha fretta? Scambi mai il tuo posto al cinema, in modo che due fidanzati possano sedersi vicini?

a. No, ma non ti tireresti indietro se lo facessero con te.

b. Certo, quando la cosa non ti crea ritardi o inconvenienti.

c. Sempre. E vorresti che gli altri facessero lo stesso.

16. Come giudichi le persone che chiedono un trattamento speciale in aereo o un tavolo migliore al ristorante?

a. Hanno un bel coraggio! Tu non potresti sopportare il rischio di un «no» secco.

b. Per te è la norma. Ritieni sia fondamentale provare a ottenere sempre il meglio.

c. L'hai fatto saltuariamente, ricorrendo alla tua diplomazia e a frasi tipo: «Questo locale è fantastico, ma...»

17. A una cena, a un certo punto, si parla di politica. Tutti sembrano avere la stessa opinione, tranne tu. Come ti comporti?

a. Appena ne hai la possibilità, esprimi il tuo parere sperando che non ti si scaglino addosso.

b. Ti limiti ad annuire dimostrandoti molto interessata alla conversazione, ma non commenti.

c. Spieghi pacatamente perché il tuo punto di vista è diverso.

18. Se sei fidanzata, che cosa ti aspetti il giorno di San Valentino?

a. Anche un semplice fiore. Quello che conta davvero è come lui si comporta negli altri trecentosessantaquattro giorni dell'anno!

b. Una cena da favola, un dono splendido e un biglietto d'auguri ultraromantico. Del resto, perché non permettergli di dimostrarti tutto il suo amore?

c. Niente. È una festa consumistica, di cui non sei una grande sostenitrice.

19. Quale Principessa delle favole ti piacerebbe essere?

a. La Bella Addormentata nel Bosco: può essere svegliata solo da un bacio del suo Principe.

b. La Sirenetta: con grande coraggio lascia il suo regno sommerso per conquistare il grande amore.

c. Biancaneve: ha la fortuna di avere intorno a sé sette uomini che farebbero qualsiasi cosa per lei.

20. L'ultima volta che sei stata magnificamente da sola con te stessa risale a:

a. Proprio in questo momento.

b. Due settimane fa.

c. E perché mai dovresti avere voglia di stare sola?

Ultimato il test, è arrivato il momento di scoprire nella tabella qui sotto il valore attribuito a ogni risposta. Una volta fatte le somme e calcolato il tuo punteggio totale, leggi il profilo corrispondente!

1	a-1	b-3	c-2	11	a-1	b-3	c-2
2	a-2	b-1	c-3	12	a-2	b-3	c-1
3	a-1	b-2	c-3	13	a-3	b-1	c-2
4	a-1	b-3	c-2	14	a-3	b-2	c-1
5	a-3	b-1	c-2	15	a-1	b-2	c-3
6	a-2	b-3	c-1	16	a-1	b-3	c-2
7	a-2	b-1	c-3	17	a-2	b-1	c-3
8	a-3	b-2	c-1	18	a-2	b-3	c-1
9	a-1	b-2	c-3	19	a-1	b-2	c-3
10	a-2	b-3	c-1	20	a-3	b-2	c-1

Da 20 a 30 punti

Tiara in filigrana d'argento

Makeup per te vuol dire una passata di mascara e un tocco di gloss (quando non sei in ritardo, naturalmente!). Il che è fantastico se ambisci a fare il tuo ingresso nel *Guinness dei primati*, ma non per avviare la metamorfosi in una Principessa. Probabilmente la tua vita fa concorrenza alla centrifuga della lavatrice e la parola relax ti suona come una trasgressione blasfema. Peccato che quella con te stessa dovrebbe essere la relazione più importante in assoluto...

Quanto alla moda, tendi a consumarla in modo take-away, nel senso che sei abbastanza informata sugli ultimi trend e non ti dispiace assecondarli, ma reputi una perdita di tempo soffermarti sui dettagli per studiare uno stile personale.

Dipendi molto dal giudizio degli altri e a volte dai l'impressione di non essere consapevole del tuo potenziale. Ti capita di prendere qualche scorciatoia per arrivare dritta allo scopo, il che accelera sicuramente i tempi di realizzazione, ma con effetti collaterali penalizzanti a livello di charme. *Don't worry*: questo libro sarà il tuo corso «su misura» in coccole & autostima, capace di farti scoprire definitivamente che persona meravigliosa sei.

Da 31 a 50 punti

Tiara d'oro e pietre preziose

Hai imparato a trovare il tempo per un bagno rilassante e riesci perfino a creare l'occasione per farti un regalo speciale. La sensazione, però, è che tu ti conceda tutto questo solo quando pensi di meritartelo. Non ti dispiace la filosofia del tutto e subito, ma credi di dovertelo guadagnare.

Sei una maestra del «ci penso su» e, in generale, le decisioni frutto di riflessioni articolate ti soddisfano più di quelle dettate dall'istinto. Hai una certa autonomia nel compiere le tue scelte, ma poi dipendi dall'approvazione del mondo esterno e vorresti che ognuno ti trovasse, senza eccezioni, irresistibilmente simpatica, intelligente, disponibile e brillante. Il che sarebbe umano, se non rischiasse di trasformare la tua vita in un continuo esame per superare a pieni voti il giudizio altrui.

In sintesi, sei sulla buona strada per diventare una Principessa a pieno titolo, ma devi deciderti a lasciar cadere qualche zavorra, a sedare la smania di perfezionismo e ad arginare eventuali sensi di colpa, pronti a spuntare quando saresti tentata di anteporre il piacere al dovere. Niente paura: i prossimi capitoli ti sveleranno il bello della regalità.

Da 51 a 60 punti

Tiara in platino e diamanti

Tu sai esattamente che cos'è il gusto pieno della vita! Riesci a concederti un dolce senza calcolare mentalmente in quanto tempo si trasformerà in cellulite; non conosci la timidezza quando si tratta di chiedere il meglio per te ma, allo stesso tempo, eviti accuratamente la «sovraesposizione».

Un esempio pratico: quando incontri un uomo potenzialmente interessante, invece di stupirlo allineando subito sul tavolo tutti i tuoi assi nella manica (nel caso non avesse colto quanto sei unica e irripetibile...) preferisci puntare sul basso profilo e sguinzagliare i cinque sensi per cercare di capire innanzitutto se lui possiede i «segni particolari» del Principe azzurro. L'unico rischio è che gli ammessi a condividere l'idillio che stai vivendo con te stessa siano più rari delle eclissi totali!

Ami le cose belle, e corteggiarti con lo shopping rappresenta un imperativo assoluto. Il che è indiscutibilmente principesco, anche se a volte, quando ti lasci prendere la mano, spunta il sospetto che questo slancio verso l'autogratificazione a oltranza mascheri una leggera insicurezza. Per esperienza (parlo da ex *shopaholic*!) ti assicuro che l'attesa e qualche piccola rinuncia intensificano il piacere. Ti dedico questo libro come la tua personale raccolta di ciliegine sulla torta...

Copiando si impara

Rispetto alla magica tripletta formata da Cenerentola, Biancaneve e la Bella Addormentata – ovvero le Principesse di riferimento della nostra infanzia – oggi ci va obiettivamente di lusso! Almeno sappiamo come difenderci dalle matrigne cattive e possiamo dribblare il pericolo «mela avvelenata» (leggi liftata dai pesticidi) comprando frutta biologica. Senza sottovalutare il fatto che, per uscire dal sonno, ci basta puntare la sveglia sul comodino e non dipendiamo necessariamente dal bacio di un Principe azzurro.

Ma c'è ancora tanto da imparare da chi ci ha preceduto. Ecco, quindi, una carrellata delle maggiori protagoniste di fiabe, film, romanzi e della dorata vita reale che, in maniera diretta o trasversale, risultano fonte di immensa ispirazione. Mi scuso in anticipo per le inevitabili omissioni, che garantiscono però a questo libro la prerogativa di poter essere comodamente infilato in borsetta e di non far concorrenza per spessore alle Pagine Gialle di Milano.

Come nelle interrogazioni che iniziano con la «domanda a piacere», parto subito dal mio personaggio preferito: Cenerentola. Di questa grande anticipatrice, che ha lanciato in tempi non sospetti il trend della scarpa trasparente, mi ha sempre colpito ***l'invidiabile capacità di guardare oltre un destino apparentemente sconfortante per rimanere fedele al suo sogno molto ambizioso.***

Nella favola, infatti, nonostante il nobile lignaggio e pur continuando ad abitare nel suo castello la poveretta è costretta a fare da sguattera alle due perfide sorellastre nonché alla seconda moglie del padre, che – in particolare nella versione dei fratelli Grimm – si esercita in richieste ad alto tasso di crudeltà, come quella di farle separare le lenticchie sane da quelle guaste dopo averne versato un intero piatto nella cenere del focolare.

Ma mentre noi siamo lì a gufare contro le tre orrende arpie, augurandoci che presto siano loro ad abbrustolire nel caminetto o a cadere (un grande classico) da uno spuntone affacciato sul vuoto, la nostra eroina stringe i denti ed esegue con stoica sopportazione gli ordini più assurdi, convinta che un giorno i suoi desideri si tradurranno in realtà.

Il presupposto fondamentale – come viene spiegato e cantato dalla stessa Cenerentola agli uccellini che le fanno da radiosveglia nel cartone animato di Walt Disney – consiste nel ***tenere le proprie aspirazioni per sé evitando di spiattellarle all'universo, perché parlarne le indebolisce,*** rendendole automaticamente opache e meno speciali (stai prendendo nota?). Il segreto, insomma, è di non farsi abbattere dai fattori contingenti, rimanendo fermamente concentrate sull'obiettivo prefissato.

La fabbrica dei sogni

La sfida è racchiusa tutta nell'avverbio «fermamente», perché non è sempre facile perseguire il proprio scopo con costanza, tenacia, energica ostinazione. Un bel supporto, da questo punto di vista, arriva dalla visualizzazione creativa: versione più focalizzata e mirata del classico sogno a occhi aperti. Su questa tecnica sono state scritte montagne di manuali, ma il mio preferito rimane quello di Shakti Gawain, che con un po' di fortuna potrai scovare in qualche Remainders e di cui trovi tutti i riferimenti nella bibliografia finale.

Il principio guida del suo metodo consiste nell'***usare l'immaginazione per dare forma a ciò che più si desidera, mettendolo a fuoco nella nostra mente attraverso il maggior numero di dettagli possibili e fantasticando rigorosamente al tempo presente***, come se tutto si stesse già verificando.

L'unica condizione è che il desiderio, una volta formulato, non venga dimenticato in qualche anfratto del cervello ma sia alimentato idealmente per un quarto d'ora tre volte al giorno. L'importante, insomma, è che questa proiezione diventi una parte integrante della nostra giornata, in modo piacevolmente naturale e senza sforzo. Il mio consiglio è di approfittare dello stato di rilassamento che precede il sonno e accompagna il risveglio, oppure di qualsiasi momento di pausa, per nutrire la convinzione che il proprio traguardo sia perfettamente legittimo e possibile.

Una vita da favola

Se hai appena deciso che Cenerentola sarà la tua nuova icona e – fondamentale! – ***il tuo segretissimo lato trash coincide con i film ad alto tasso di saccarosio (quelli, per capirci, che vengono presi a sberle dai critici cinematografici)*** ti segnalo *Cinderella Story* (2004), ovvero la moderna trasposizione della fiaba di Charles Perrault.

Qui la protagonista Sam Montgomery (Hilary Duff) fa la cameriera in un *diner* della San Fernando Valley – la Cinecittà del porno, a poche miglia da Los Angeles –, ereditato con l'inganno, dopo la morte del suo papà, dall'immancabile matrigna. Gonfiata come un materasso da quantità esagerate di botox e salmone norvegese (incomparabile fonte di Omega 3, come insegna il dottor Nicholas Perricone), la perfida Fiona si accanisce infatti sulla povera Sam, la quale frequenta l'ultimo anno delle superiori e trova conforto solo nella speranza di essere presto ammessa all'università di Princeton (l'ateneo delle Principesse per antonomasia!) e nel romantico carteggio di e-mail con un misterioso compagno di scuola conosciuto via chat (stile Meg Ryan & Tom Hanks in *C'è post@ per te*, 1998).

I due decidono di uscire allo scoperto al ballo mascherato organizzato dagli insegnanti per la festa di Halloween. E lì Sam scopre che non poteva andarle meglio: il suo Principe azzurro è Austin Ames (Chad Michael Murray), il ragazzo più bello, intelligente e sportivo della scuola, che come optional cita il poeta Alfred Tennyson e, a ogni buon conto, ha già provveduto a scaricare l'avvenente ma insulsa fidanzata invece di specializzarsi subdolamente nello «slalom parallelo», sport tanto in voga nella sezione maschile dell'emisfero boreale.

A mezzanotte la sveglia del cellulare di Sam – portato a mo' di cavigliera e (sigh!) in una mostruosa sfumatura turchina, per un deprecabile tentativo di pendant con lo smalto del pedicure – segna l'inizio del coprifuoco e la fine dell'incanto. Lei scappa, arruffando nella corsa la sua gonna millefoglie in tulle, e, al posto della scarpetta, perde il telefonino.

Niente paura: come da tradizione, l'happy end (intuibile fin dalle prime scene) è assicurato! Scovati, infatti, il vero testamento del padre di Sam e la lettera di ammissione all'università (occultati durante il film da quel genio del male di Fiona), i due innamorati salgono in macchina e guidano felici verso Princeton, coronamento accademico della love story. In sintesi, secondo l'ineccepibile morale della favola, ***a una moderna Principessa si consiglia caldamente di possedere un curriculum di tutto rispetto e di porre le basi per una solida carriera*** anziché contare troppo sullo stipendio del Principe o sugli alimenti post-separazione.

Meno incisivi (perciò facoltativi ai fini di questo master): *Pretty Princess* (2001), tratto dal romanzo best-seller di Meg Cabot *The Princess Diaries* e relativo sequel, *Principe azzurro cercasi* (2004), interpretati entrambi da Anne Hathaway molto prima del suo incontro sul set con il diavolo griffato Prada. Mi limiterò, quindi, a qualche rapida considerazione...

Cenerentola contemporanea con il DNA della Audrey Hepburn di *My Fair Lady* (1964), Mia Thermopolis è una timida quindicenne americana, miope e dalla chioma ingovernabile, che sogna di essere invisibile e di baciare il bello della scuola. La sua esistenza viene sconvolta dall'arrivo della nonna europea (Julie Andrews nel ruolo della regina Clarissa), dalla quale apprende di essere in realtà l'ignara principessa ereditaria dell'immaginaria Genovia. Mia si sottopone a una prima trasfusione di sangue blu a base di lezioni di galateo, si laurea a Princeton (ma allora è un vizio!), perfeziona a corte la sua metamorfosi (molto yankee, in verità) da anatroccolo a cigno, e riesce perfino a innamorarsi di un Principe consorte in trenta giorni precisi, termine oltre il quale scade il suo diritto al trono.

Sicuramente molto volitiva e organizzata, Mia conferma la tesi secondo cui, ***senza dover per forza rinunciare al romanticismo, è consigliabile tenere le mani ancorate al timone della propria vita,*** evitando di delegarne la gestione al partner. Un insegnamento concentrato ma efficace!

Cambiando favola, va osservato che anche Biancaneve, come la collega Cenerentola, affronta con incredibile stoicismo un destino che la vorrebbe coperta di stracci e intenta a strofinare pavimenti *forever*, senza neppure l'ausilio del Mocio Vileda. Per evitare che la malinconia degeneri in istinto suicida (non potendo neppure farsi prescrivere un antidepressivo...), lei canta e fischietta come una radio perennemente accesa, trasformando in un ameno passatempo perfino l'occupazione più opprimente.

Tradotto nell'affollamento impietoso delle nostre giornate, l'insegnamento della Principessa più bella del reame è di ***affrontare anche i momenti tosti con un atteggiamento positivo.*** Il che ovviamente è più facile a dirsi che a farsi, soprattutto se non si ha una gran dimestichezza con l'utile pratica del «ridimensionamento». Io trovo terapeutico sfogliare ogni tanto a ritroso la mia agenda e constatare puntualmente come tutte le incombenze o le scadenze che mi sembravano degli scogli insormontabili mentre le stavo vivendo, già a distanza di poche settimane rivelino la loro sostanziale ininfluenza sul «quadro generale». Fare il passo successivo, ossia provare a tenere conto di questa verità mentre le cose stanno succedendo, ha effetti prodigiosi sul contenimento del tasso d'ansia.

Più in generale, ho sperimentato che l'ottimismo ti fa affrontare la vita con leggerezza (il che non vuol dire superficialità), scioglie eventuali barriere preconcette nei rapporti con gli altri e regala, a tratti, insperati colpi di fortuna. Lo stesso vale per le comunicazioni a distanza;

rispondere al cellulare sorridendo anziché con il «pronto» ruvido di chi è scocciato a morte non solo è assolutamente principesco ma può influire sull'intera telefonata (di sicuro non ci costringe a «raddrizzarla» in corsa dopo il brusco esordio...).

Principe azzurro cercasi

Passando alla dimensione più privata, le Principesse delle favole hanno le idee molto chiare sui segni particolari del partner ideale e non sono disposte ad accettare compromessi. Aurora, ovvero la Bella Addormentata, a dispetto del nome è decisamente sveglia: lo vuole bello, alto e romantico. Proprio come il biondo principe Filippo, che ha pure il plus, non trascurabile di questi tempi, di vantare una densità di capelli che farebbe schiattare d'invidia un tappeto persiano.

Decisamente più emancipata la protagonista di *La Bella e la Bestia* (1991), che nella rivisitazione firmata Disney vive in un villaggio della Provenza, dove è giudicata un'eccentrica outsider per via del suo amore per i libri. ***Non sogna banalmente di innamorarsi, ma di vivere in modo avventuroso. Ed è determinata a cercare la sostanza sotto l'apparenza.*** Rifiuta quindi la corte dell'aitante ma presuntuoso/maleducato/misogino Gaston, che manifesta a sua volta un'allergia per le ragazze istruite. Il motivo? La lettura avrebbe, secondo lui, il pessimo effetto collaterale di indurre una donna a pensare e a farsi venire strane idee in testa...

Insomma, mentre la popolazione femminile dell'idilliaco microcosmo in cui è ambientata la fiaba sbava dietro quell'apoteosi di muscoli guizzanti e il reparto maschile gli invidia forza, furbizia nonché un'incredibile destrezza nelle gare di sputo (no comment!), l'intelligentissima Belle vede Gaston per quello che è sotto la «carrozzeria»: uno sbruffone incolto e senza cervello.

Al contrario, la repulsione che prova istintivamente (come biasimarla...) per l'inquietante Bestia viene rettificata attraverso una frequentazione assidua, a conferma che ***gli amori più solidi fioriscono spesso da un'avversione e da un'antipatia iniziali, e che la vera bellezza risiede nel cuore.*** (Piccola notazione per le amiche fashion victim: l'abito di Belle è liberamente ispirato a quello di Dorothy Gale/Judy Garland nel film *Il mago di Oz*, del 1939, diretto da Victor Fleming.)

È indubbiamente tosta anche la figlia del sultano di Agrabah, Jasmine, che nel cartone animato *Aladdin* rifiuta ogni prospettiva di matrimonio combinato perché non sopporta l'idea che le si pianifichi il futuro dietro le spalle e la si consideri come un trofeo da vincere. Ma è Ariel, la Sirenetta versione Walt Disney, a coltivare le aspirazioni più audaci. Vive in un magico mondo subacqueo e mira a trasferirsi su quello terrestre, che le è precluso. Pur di raggiungere il suo obiettivo è disposta ad accettare dei compromessi pesanti, come quello di ripudiare la coda per un paio di gambe, più adatte a deambulare sulla terraferma. Il prezzo da pagare per il baratto è altissimo: deve cedere infatti la sua splendida voce alla strega Ursula, anche se quella è l'unica dote capace di renderla riconoscibile al principe Eric, il quale l'ha sentita cantare mentre stava rischiando di annegare.

Niente paura: anche in questo caso (e contrariamente alla versione implacabile di Hans Christian Andersen!) l'happy end è salvo, grazie alle deroghe e agli escamotage che pullulano nei cartoon disneyani. Ma il messaggio destinato a noi, Principesse moderne, è che ***piegarci a una trasformazione radicale pur di aderire ai desideri altrui o a un modello esteriore imposto dalla «cultura del bisturi» rappresenta il torto maggiore che possiamo farci.***

Ti meriti il meglio

Il problema della fedeltà a se stesse non riguarda la Principessa sul pisello – un'altra protagonista delle favole di Andersen –, che qualche tempo fa è stata scelta addirittura come testimonial per la pubblicità di un'auto molto confortevole. La sua caratteristica vincente? Esigere sempre il massimo! (Nel suo curriculum vanta la capacità di percepire un minuscolo seme di legume sotto venti materassi e altrettanti piumini, al punto da non riuscire a chiudere occhio per il disagio...)

Il suo consiglio implicito è di non adattarti mai alla prima cosa che ti viene proposta, bensì di allenarti a pretendere il meglio, nel rispetto del tuo budget. Questo vuol dire essere specifica anche nelle richieste più banali (una camera non fumatori, un posto in treno vicino al corridoio, un cappuccino con poca schiuma...), perché abituarti a manifestare delle preferenze invece di fluttuare in un limbo di accondiscendenza, soprattutto quando all'universo non costerebbe niente accontentarti, ti aiuta a individuare cosa funziona davvero per te.

In un'ipotetica sezione «Principesse coraggiose» merita una menzione speciale Leila Organa di *Guerre stellari* (1977), interpretata da Carrie Fisher, per le seguenti motivazioni: intelligenza, temperamento e sangue freddo, uniti a un indiscutibile senso della leadership, sfoderato in più occasioni nel guidare i ribelli. Leila, che nel quinto episodio della saga – *L'impero colpisce ancora* – scopre di essere innamorata di Jan Solo (Harrison Ford), è specializzata in difesa personale. Chi ne fa le spese è soprattutto il cattivone Jabba the Hutt nel *Ritorno dello Jedi*, dove la nostra eroina, ridotta temporaneamente in schiavitù, sfoggia un ardito bikini-corazza dorato: apparizione giudicata tra le più memorabili della storia del cinema dalla rivista specializzata *Empire*. La morale è: ***si può essere sexy e romantiche anche senza rinunciare alla propria (scultorea) personalità!***

Da qui la parentela elettiva con Wonder Woman, sia nella versione originaria – disegnata nel 1941 da William Moulton Marston & consorte – sia in quella televisiva, affidata tra il 1976 e il 1979 a Lynda Carter. Dotata di profilo fiero, seno a mensola e gambe autostradali, la Principessa amazzone Wonder Woman discende da Diana, dea della caccia per i romani, e dalla sua omologa greca Artemide, arciera valorosa.

Fornita pure di bracciali antiproiettile e lazo magico, nella mente del suo creatore rappresentava l'archetipo della femmina perfetta: bella, atletica, acuta e intrepida (ma con un insospettabile lato tenero). Marston, il quale stimava enormemente le donne molto prima che il terzo millennio ne facesse una moda (più in teoria, comunque, che nell'attuazione pratica), l'aveva resa una protofemminista. Indimenticabile, da questo punto di vista, il fumetto in cui ***la sua eroina riconosce che ricevere direttive da un uomo più forte di noi possa rivelarsi eccitante... Anche se lei in genere trova più divertente far sì che sia lui a obbedire!***

Sicuramente meno affascinante di Wonder Woman – per via della stazza e del piglio erculei – è la principessa guerriera Xena (interpretata da Lucy Lawless): eroina televisiva molto più recente, che si redime da un passato sanguinario combattendo contro il male e la tirannia in difesa dei deboli e degli innocenti. Specializzata in arti marziali, sfodera come arma segreta il temibile *pinch*, che consiste in una presa mortale capace di bloccare all'istante l'afflusso di sangue al cervello delle sue vittime.

I tratti regali da fare propri all'istante, in questo caso, sono ***la volontà di ferro con cui Xena persegue gli obiettivi prefissati e il modo coraggioso con cui affronta il dolore.*** Senza arrivare ai suoi estremi (memorabile la scena in cui si rimette a posto una spalla slogata andando a sbattere deliberatamente contro un muro!), una moderna Principessa dovrebbe essere in grado di gestire la sofferenza fisica e interiore con dignità, consapevole del fatto che la sua attitudine mentale può influire considerevolmente sul processo di guarigione.

Determinazione e audacia accomunano anche le più intrepide eroine dei cartoon: She-Ra (alter ego guerriero della principessa Adora), Mononoke (principessa giapponese degli spiriti vendicativi, ecologista nella sua strenua difesa della foresta) e la principessa manga/anime Serenity, che dopo la morte si reincarna nella svogliata scolara giapponese Usagi Tsukino, permettendole però di trasformarsi in Sailor Moon, paladina di valori assoluti come amore e giustizia in una Tokyo presa di mira dai malvagi. Questo a sottolineare il fatto che, ***con un pizzico di magia, tutte noi possiamo riscattarci da una partenza penalizzante.***

Dopo l'esordio da «eroina suo malgrado», Usagi/Serenity/Sailor Moon diventa man mano più matura e sicura del fatto suo, grazie al supporto delle amiche e dell'adorato boyfriend Mamoru Chiba. Appassionata di dolci, fumetti ed economia domestica, all'occorrenza si difende con una tiara-frisbee (scopiazzata da Wonder Woman) o esplode in un pianto dirotto, tenero retaggio infantile. La sua «collega» più famosa è l'apprendista strega Doremi, che nella famosa serie animata è una bambina di otto anni e vive – con le sue amiche «Ojamajo» Melody, Sinfony, Lullaby e Mindy – avventure dove l'elemento magico diventa preponderante e la morale insiste su bontà e compassione anziché su forza e potere.

Tutt'altro piglio quello di Kitana, sovrana dei videogame intitolati *Mortal Kombat* e di un paio di film non proprio memorabili, in cui è interpretata da Talisa Soto. Con tutte le curve posizionate nei punti strategici e zero cellulite, è un cocktail micidiale di intelligenza, disciplina, amore e perseveranza. Segni particolari: ha più di diecimila anni ma ne dimostra trenta scarsi (sarebbe bello conoscere la marca della sua crema antirughe...) e come arma letale usa un accessorio decisamente principesco: il ventaglio.

Princess Zelda si divide tra TV e videogiochi, dove viene puntualmente rapita. E alla forza preferisce saggezza, preveggenza e poteri ultraterreni. I sortilegi sono pure la specialità di Peach, che, in joint venture con il celeberrimo Mario, regna per la Nintendo nel *Mushroom Kingdom* e si affida all'infallibile sesto senso per combattere i nemici. ***Altre sue doti a cui ispirarci — a parte l'invidiabile capacità di sintonizzarsi nei momenti clou con il proprio intuito — sono dolcezza, garbo, nobiltà d'animo e altruismo.***

Meno interessante dal punto di vista della personalità l'amica di Peach, Princess Daisy, che potrebbe essere descritta come la sua declinazione «maschiaccio». E che dopo il debutto in versione Game Boy ha avuto un exploit cinematografico in *Super Mario Bros.* (1993). Qui, interpretata da Samantha Mathis, lotta contro il malvagio re Koopa (Dennis Hopper) assieme a Mario (Bob Hoskins) e Luigi (John Leguizamo), il suo quasi-boyfriend.

Lo scettro dell'anticonformismo spetta, senza ombra di dubbio, alla verdissima principessa Fiona, che per l'orco Shrek abbandona le sue sembianze *aesthetically correct* e diventa definitivamente un'orchessa, ***a ribadire che la vera bellezza è interiore e che la scelta più sana, in ogni caso, è quella di amarsi e accettarsi per ciò che si è.*** Incurante del galateo, nella prima puntata della loro love story Fiona ingolla topi arrostiti, si esibisce in qualche rutto estemporaneo e quando tira aria di zuffa si improvvisa Lara Croft. Il suo asso nella manica è la parodia di Biancaneve, in cui fa esplodere con un acuto un uccellino innocente. Insomma, non rappresenterà un esempio da seguire nella vita di tutti i giorni, ma ci ricorda che – nell'arsenale di virtù sfoderate da una Principessa – l'ironia occupa un posto importante.

Buon sangue (blu) non mente

Passando alla dimensione delle regnanti realmente esistite, l'insegnamento più prezioso che arriva da quel concentrato di grazia ed eleganza noto con il nome di Grace Kelly è di ***non commettere l'errore di abbandonare i nostri sogni dopo il matrimonio.*** Nella biografia a lei dedicata, *Once Upon a Time – The Story of Princess Grace, Prince Rainier and Their Family*, J. Randy Taraborrelli si sofferma sulla sua sofferta decisione di troncare – a ventisei anni, dopo il film *Alta società* – una carriera lampo consacrata da un Oscar (per *La ragazza di campagna*, del 1954) e di dedicarsi *full time* al nuovo status di madre & principessa, salvo poi trovarsi immersa in una malinconica solitudine, trascolorata rapidamente nella depressione.

Va detto che la preoccupazione del principe Ranieri di Monaco per la salute della consorte, a un certo punto, sembrò prevalere sull'istintiva avversione all'idea di «vederla muoversi sul grande schermo con un attore, intenta a fare chissà cosa» (a corte erano severamente vietate le proiezioni di *Caccia al ladro*, per via dei baci appassionati con Cary Grant). E lo spinse addirittura ad accettare l'ipotesi di una *rentrée* di Grace nel capolavoro di Alfred Hitchcock *Marnie* (1964). Ma l'inaspettata disapprovazione dei monegaschi, che giudicavano le luci del set insopportabilmente degradanti per la loro sovrana, fece cambiare idea a entrambi.

Questa improvvisa inversione di marcia, dopo la fugace euforia per il miraggio cinematografico, risultò dura da metabolizzare per Grace. Come ammette lei stessa nello splendido libro fotografico *Grace Helly - A Life in Pictures*: **«*La mia reale difficoltà è stata quella di diventare una persona normale dopo aver fatto a lungo l'attrice. Per me, all'epoca, normalità voleva dire interpretare dei film*».**

Il che non intacca una verità inconfutabile: assieme a Audrey Hepburn questa star hollywoodiana sofisticatamente algida ma dallo sguardo angelico rappresenta un punto di riferimento assoluto per ognuna di noi. Percepita come il contraltare biondo di Jackie Kennedy, proveniva pure lei da una famiglia molto benestante di Filadelfia e aveva classe da vendere. La sua bellezza radiosa, oggettiva ed elitaria, che si contrapponeva al prototipo *Fifties* della maggiorata, non aveva bisogno di troppi punti esclamativi a livello di look e trovava la sua dimensione in uno stile classico e senza orpelli, che poteva permettersi di veleggiare al largo delle tendenze.

Imperdibili, da questo punto di vista, il foulard sapientemente annodato al collo in *Caccia al ladro* (1955), il morbido twin-set rosa pastello di *Alta società* (1956) e i collier di perle sfoggiati in *La finestra sul cortile* (1954): un vero e proprio film-sfilata per lo spettacolare guardaroba creato da Edith Head, la costumista più premiata della storia del cinema, in un tripudio di gonne a corolla (secondo i dettami del New Look di Christian Dior), abbinamenti casual chic a base di pantaloni a sigaretta & mocassini, senza dimenticare gli abiti da sera ultrasontuosi, mirabilmente drappeggiati.

La classe di Grace ha trovato il suo meritato monumento nella borsa che le ha dedicato il marchio Hermès, rielaborazione di una forma a trapezio risalente al 1935, sorretta da due manici e chiusa da un lucchetto sul davanti. E che è stata denominata Kelly nel 1955 per commemorare il suo matrimonio con il principe Ranieri. Piccolo gossip: l'anno successivo la neoprincipessa fu immortalata sulla copertina di *Life* mentre cercava di coprire con il suo accessorio prediletto la gravidanza di Carolina.

Ma se dobbiamo identificare, tra le mille candidature, la pietra miliare del genere principesco, la mia scelta cade senza tentennamenti su* Vacanze romane *(1953), di William Wyler, in cui

So Audrey...

Perle di saggezza, firmate dalla Principessa del cinema

«Il timore di perdere la persona a cui tieni di più non dovrebbe indurti a rinunciare all'AMORE. Perché guardi a destra e a sinistra prima di attraversare la strada? Per paura di essere investita. Eppure, continui ad attraversare la strada!»

«La FELICITÀ è costituita da una salute di ferro e da una memoria corta.»

«Si dice che l'abito non faccia il monaco. Ma a me la MODA ha dato spesso la sicurezza di cui avevo bisogno... Personalmente dipendo da Givenchy come le donne americane dipendono dal loro psichiatra.»

«La mia ambizione più grande è stata quella di avere una CARRIERA senza diventare una donna in carriera.»

«Parlando di SEDUZIONE, ho la sensazione che l'eccessiva intraprendenza infastidisca gli uomini. O che addirittura li spaventi. Un impercettibile battito di ciglia dovrebbe essere più che sufficiente!»

un'Audrey Hepburn premiata con l'Oscar interpreta l'affascinante principessa Anna. In visita a Roma ed esasperata da un'agenda fitta di impegni, la giovane sovrana scappa nottetempo dal palazzo che la ospita e scopre i posti più magici della capitale scortata da un irresistibile Gregory Peck nei panni di Joe Bradley, giornalista a caccia di scoop.

La scena più regale del film è quella in cui Audrey, con la mente ottenebrata da un potente sonnifero, dopo essersi addormentata sul bordo di una fontana ed essere stata ripescata dal coprotagonista (prima che ci pensi la polizia), lo segue nel suo angusto monolocale in via Margutta, non essendo in grado di fornire l'indirizzo di casa.

Non fanno neppure in tempo a entrare che lei, barcollando e biascicando – ma con la memoria ancora evidentemente sintonizzata sugli ampi saloni del palazzo! – gli domanda con assoluto candore se si trovano per caso nell'ascensore.

Sempre più assonnata, credendo di rivolgersi alla dama di compagnia, chiede al suo incredulo interlocutore di aiutarla a spogliarsi e a infilare il pigiama; poi gli concede benignamente il permesso di congedarsi. Infine, in stato sempre più comatoso, dribbla la proposta di dormire su una poltrona dall'aria molto rigida e inospitale (lui è ovviamente ignaro di essere al cospetto di Sua Altezza) e si corica senza traccia di rimorso sull'unico letto disponibile, come se fosse la sola opzione contemplabile per una donna del suo rango.

Questo capolavoro andrebbe studiato a memoria per il modo in cui Audrey sorride, annuisce, sposta una ciocca di capelli, abbassa lo sguardo, cammina leggera, allarga la gonna come un ventaglio prima di sedersi... Riesce a risultare impeccabile perfino a bordo di una Vespa imbizzarrita o quando sfascia una chitarra sulla testa della guardia del corpo che vorrebbe strapparla via da una festa. Un'eleganza assiomatica, la sua. Ereditata in parte dalla madre, l'autoritaria baronessa Ella van Heemstra Hepburn-Ruston, ma che lei ha saputo rielaborare stemperandola in una dolcezza assoluta.

Nella vita reale Audrey era selettiva nella maniera più delicata ed educata possibile. Il regista Stanley Donen, che la diresse nel 1957 in *Cenerentola a Parigi*, ricorda il suo straordinario magnetismo, che attirava tutti come una calamita: «Era molto aperta alle nuove conoscenze, ma solo pochissimi erano ammessi nel suo ristretto circolo di amicizie. E aveva una grande abilità nel tenere le persone a distanza senza risultare per nulla rude o scortese».

Gregory Peck era rimasto invece colpito dalla sua trasparenza e dall'ironia: «Non aveva niente da spartire con le persone infide, avide, grette e pettegole che si incontrano nel nostro ambiente. Mi piaceva molto; era così facile amare Audrey...» E ancora: «Tutti la vedevano come una donna regale. Io preferisco pensare a lei come a una persona vivace, divertente e dalla battuta pronta; il che lasciava di stucco chi non la conosceva.

Riusciva sempre a farmi ridere tra una scena e l'altra. Era una vera comica». Quanto all'attore Richard Dreyfuss: «Rappresentava l'incarnazione del meglio a cui si possa aspirare. Era perfettamente affascinante e amorevole. ***Era un sogno; il sogno che ti ricordi quando ti svegli sorridendo***».

Audrey era un distillato armonioso di caratteristiche in apparenza contraddittorie, che si esaltavano incontrandosi. La sua distinzione naturale risultava garbatamente accessibile, senza tracce di superbia o arroganza. E poi era di una bellezza incomparabile, ma anche intelligente, arguta, altruista. Tutti, infatti, le riconoscevano la rara capacità di saper ascoltare e di dare ottimi consigli seguendo semplicemente il suo istinto.

E aveva un cuore immenso, come testimonia l'impegno per l'UNICEF. La sua generosità era il risultato di un'enorme sensibilità e di un'educazione quasi prussiana: «Mia madre insisteva molto sul fatto che ***nella vita bisogna essere utili e capaci di donare amore. Personalmente credo sia addirittura più importante che riceverlo***».

A questo proposito, tra le tante frasi che ho sottolineato nel libro di Victoria Moran, *La vita che hai sempre voluto*, ce n'è una che andrebbe riletta ogni mattina prima di andare incontro al mondo: «La compassione alimenta la cortesia, la gentilezza e la pazienza. Ti aiuta a capire che tutti gli altri fanno il meglio che possono, proprio come te. Rende più facile concedere ad altre persone imperfette il beneficio del dubbio. La compassione è anche di inestimabile aiuto nell'accettare gli altri come sono e nel permettere loro di essere diversi da noi».

Audrey era un'icona di stile, dotata di un senso dell'eleganza istintivamente sublime. Il suo motto *Less is more* privilegiava la qualità sulla quantità: un tubino nero, una camicia bianca da incrociare sul davanti, un tailleur dal taglio impeccabile (non necessariamente all'ultimo grido) erano i suoi grandi must. «***Balenciaga sosteneva che il segreto della raffinatezza è racchiuso nella sottrazione. Concordo pienamente.*** È per questo che amo Hubert Givenchy: i suoi abiti rifiutano gli ornamenti inutili e sono ridotti all'essenziale. Togliendo applicazioni, fiocchi e volant vedi davvero la linea di un abito.»

L'attrice Eva Gabor, interprete del film di Vincente Minnelli *Gigi* (1958), ha detto di lei: «Nessuno al mondo stava meglio con un paio di pantaloni bianchi e una semplice camicia candida. Qualsiasi cosa indossasse diventava perfettamente elegante. Senza neppure l'accenno di un gioiello sembrava una regina».

God Save the Princess!

Quanto alla sfortunata Lady Diana Frances Spencer, non era un'Altezza Reale prima di sposare il principe Carlo d'Inghilterra, il 29 luglio 1981. Ma apparteneva a una delle famiglie più antiche e importanti del Regno Unito. Timida e impacciata durante i primi anni di matrimonio, si era rapidamente trasformata, dopo la nascita del secondogenito Harry, in un'icona fashion riconosciuta internazionalmente.

Il suo taglio di capelli era il più clonato in assoluto, mentre i tabloid immortalavano increduli l'evoluzione dai primi abiti-parallelepipedo in perfetto stile Windsor a un repertorio di tailleur modernamente *couture* e di abiti da sera ispirazione *red carpet*, a scollo totale. Settantanove di queste fantastiche creazioni vennero poi vendute, in occasione di un'asta benefica di Christie's a New York, nel giugno del 1997. Il piatto forte della collezione? Il lungo abito in velluto blu che Diana aveva sfoggiato nel 1985 in occasione di un party alla Casa Bianca organizzato dai coniugi Reagan, e che l'aveva vista piroettare amabilmente con John Travolta.

Ma Diana non veniva considerata solamente un modello di eleganza. Era adorata dalla gente comune per la sua sensibilità e la malinconica discrezione con cui cercava di gestire un matrimonio infelice, le aspettative di una famiglia reale fredda e distante, il conflitto con un corpo che doveva attenersi a implacabili aspettative di perfezione e che periodicamente si ribellava, colmando con la bulimia una serie di vuoti troppo profondi. Una riservatezza dolente, quella della «Principessa triste», salvaguardata fino alla pubblicazione della famosa biografia-scandalo di Andrew Morton, nel 1992, e alla separazione ufficiale dal principe Carlo, avvenuta alla fine dello stesso anno.

Quelli che seguirono furono mesi difficili per lei, braccata dai paparazzi anche dopo la decisione di ritirarsi dalla vita pubblica, perseguitata dall'immagine confezionata da Buckingham Palace di donna instabile, insicura e piagnucolosa, intrappolata in una serie di paradossi: separata ma non divorziata (almeno fino all'agosto 1996); ufficialmente ancora inserita nella famiglia reale ma di fatto ripudiata; attaccatissima ai suoi figli ma inevitabilmente sola ed emarginata per la metà delle feste comandate.

Da qui la fragilità — provata almeno una volta da tutte noi, Principesse perlopiù in incognito — di voler cercare a tutti i costi un conforto esterno alla solitudine interiore con uomini palesemente sbagliati. A partire da James Hewitt, ufficiale di cavalleria nonché campione di polo, che nel 1986 era diventato l'istruttore di equitazione/confidente di Diana e in seguito aveva cercato di accaparrarsi una fetta di remunerativa notorietà spifferando i dettagli della loro relazione nella biografia *Princess in Love*. Stesso esito deludente per le illusioni successive di aver trovato il Principe azzurro: radiografate e spesso ridicolizzate dai soliti tabloid impietosi.

La fiaba sembrava finalmente pronta a compiersi nell'estate del 1997 — quando Diana si innamorò di Dodi Al-Fayed, figlio di Mr. Harrods, ovvero il potente businessman di origine egiziana Mohamed Al-Fayed —, ma finì tragicamente neppure due mesi dopo, il 31 agosto, con lo schianto dell'auto in cui viaggiavano a folle velocità, tallonati dai paparazzi, in un tunnel parigino sotto la Senna.

Matrimonio non facilissimo da gestire, spesso descritto in modo molto più fiabesco di quanto non fosse in realtà, pure quello della principessa Sissi con l'imperatore Francesco Giuseppe (unione che le garantì la promozione al rango di imperatrice d'Austria e regina d'Ungheria). Nata a Monaco la notte di Natale del 1837 dall'arciduca Massimiliano (detto Max) e dalla principessa Ludovica, Sissi era un'appassionata amante della natura. Come traspare anche nella trilogia cinematografica a lei dedicata, risalente alla metà degli anni Cinquanta e interpretata da Romy Schneider, i momenti che trovava più esaltanti erano quelli trascorsi nei boschi fiabeschi attorno al castello di Possenhofen, sul lago Starnberg, residenza estiva di famiglia. Qui si divertiva a cavalcare, a spiare cervi e scoiattoli e ad ascoltare rapita il canto degli uccelli.

La sua freschezza era talmente contagiosa da riuscire a colpire dritto al cuore, in quattro giorni netti, il cugino Franz Joseph/Cecco Beppe, figlio dell'arciduchessa Sofia, a sua volta sorella di Ludovica. In realtà le due sorelle si erano accordate per fargli sposare la secondogenita della nidiata di Ludovica: Elena detta Nene. Ma Franz si dimostrò irremovibile, e, dopo aver provato l'ebbrezza di un ballo con la terzogenita Sissi, annunciò risoluto il loro fidanzamento il 19 agosto 1853.

La vita a corte, dopo le nozze celebrate a Vienna l'anno successivo, non si dimostrò affatto una passeggiata per Sissi. L'arciduchessa Sofia fu molto perentoria nel sottolineare che la nuora avrebbe dovuto imparare altre tre lingue, studiare storia e geografia, perfezionarsi nel ballo e raddrizzare la postura, nonché seguire maggiormente la cura personale, in particolare i denti (pare non esattamente smaglianti). La leggenda vuole che, oberata dai diktat di corte, ***rispondendo alla domanda di una dama di compagnia Sissi avesse dichiarato: «Certo che amo molto mio marito, ma se solo non fosse un imperatore...»***

La presenza incombente della suocera, la totale assenza di privacy, il peso dei ruoli di rappresentanza gravavano a tal punto sul suo spirito libero da scatenare una miriade di effetti collaterali. La giovane imperatrice, infatti, iniziò ben presto a soffrire di insonnia, attacchi d'ansia, depressione e, sicuramente, anoressia. I problemi personali parevano comunque non smorzare il suo ascendente sulle folle, capace di tenere a freno i patrioti ungheresi e italiani, che fremevano sotto il giogo imperiale.

Ma il 1858, anno di nascita del sospirato erede maschio, Rodolfo (morto suicida nel castello di Mayerling trent'anni dopo) fu a tutti gli effetti un *annus horribilis*, in cui Sissi arrivò allo stremo delle forze sia fisiche sia psichiche, ossessionata dalla paura di invecchiare, chiusa instabilmente in se stessa, terrorizzata dalla vita di corte e dagli assembramenti al punto di non volere più apparire in pubblico. Da lì la decisione estrema di lasciare temporaneamente la famiglia e di viaggiare per due anni, nella vana ricerca della serenità e della gioia che non riusciva a trovare dentro di sé.

La sua morte inaspettata, avvenuta a Ginevra il 10

settembre 1898 per la pugnalata infertale da un anarchico italiano, determinò un funerale imponente, a cui parteciparono i sovrani di tutto il mondo e che ammutolì nel lutto l'Impero. Al punto che, esattamente un secolo dopo, molti tracciarono un parallelo forse neppure troppo azzardato con la scomparsa prematura della principessa Diana: assurda, fulminea, seguita da uno stuolo, questa volta televisivo, di oltre due miliardi e mezzo di spettatori.

Fin troppo semplice evidenziare delle analogie nei loro sogni infranti: le nozze fiabesche finite presto in modo tormentato e deludente, l'ansia, la depressione, il rapporto conflittuale con il cibo, l'insofferenza per l'etichetta di corte e per il prezzo della popolarità, la fine inaspettata e il titolo, guadagnato sul campo, di *Queens of Hearts*, regine nei cuori della gente.

Va detto che le Principesse metropolitane del terzo millennio hanno sicuramente abbandonato il trend di sposarsi con degli sconosciuti (per quanto illustri) poco più che bambine. Se Sissi aveva sedici anni e Diana venti, secondo il rapporto annuale dell'EURES (Istituto di Ricerche Economiche e Sociali), l'età della sposa italiana nel 2006 aveva raggiunto una media di 30,6 candeline. Ma stando al numero di separazioni e divorzi (uno ogni quattro minuti!) la maturità anagrafica purtroppo non condurrebbe automaticamente alla scelta giusta.

Discorso che fa concorrenza, per la pericolosità del materiale contenuto, al famigerato vaso di Pandora e che prometto di affrontare, con tutta la delicatezza del caso, a tempo debito, ossia nella parte dedicata alla ricerca del Principe azzurro. Ma prima di addentrarci in questo spinosissimo argomento, permettimi di dedicarmi ancora per qualche capitolo a te...

Principesse moderne

LE MAGNIFICHE 8 CHE HANNO CONQUISTATO L'EUROPA

La più regale

MATILDE DEL BELGIO

Mathilde d'Udekem d'Acoz (20/1/1973), moglie del principe Filippo del Belgio.

Segni particolari: Bellezza, charme e sensibilità: sono le doti che l'hanno portata a essere considerata la principessa per antonomasia, forte anche delle sue origini aristocratiche.

La più avvenente

MARY DI DANIMARCA

Mary Elizabeth Donaldson (5/2/1972), moglie del principe Frederick di Danimarca.

Segni particolari: Ex donna in carriera, è soprannominata la «Venere della Tasmania» per le origini australiane e per la sua sfolgorante bellezza esotica in un Paese notoriamente di bionde.

La più grintosa

LETIZIA DI SPAGNA

Letizia Ortiz Rocasolano (15/9/1972), moglie del principe Felipe di Borbone.

Segni particolari: Divorziata e con un passato da giornalista televisiva, ha conquistato con il suo fascino indiscusso (e gli impeccabili tailleur da top manager) la cattolicissima Spagna.

La più promettente

CHARLOTTE DI MONACO

Charlotte Casiraghi (3/8/1986).

Segni particolari: Amazzone provetta, possiede la grazia di nonna Grace e l'eleganza di mamma Caroline, alla quale somiglia come una goccia d'acqua. I fotografi sono pazzi di lei.

La più glamorous

MADDALENA DI SVEZIA

Maddalena di Svezia, pure duchessa di Hälsingland e Gästrikland (10/6/1982).

Segni particolari: È stata definita dalla rivista francese *Point de vue* la nuova Brigitte Bardot per i lunghi capelli biondi, il fisico da Barbie e quel suo mix di innocenza & sensualità.

La più tormentata

VITTORIA DI SVEZIA

Vittoria di Svezia, pure duchessa di Västergötland (14/7/1977), sorella di Maddalena.

Segni particolari: Erede al trono di Svezia, ha sofferto per lo stress legato al peso delle sue future responsabilità fino a piombare nell'anoressia, da cui è uscita fortunatamente vincitrice.

La più understated

CLOTILDE DI SAVOIA

Clotilde Courau (3/4/1969), moglie del principe Emanuele Filiberto di Savoia.

Segni particolari: Sempre elegante e sorridente ma senza ombra di ostentazione (merito dello charme francese?), riesce a coniugare alla perfezione i ruoli di moglie, madre e attrice.

La più trasgressiva

METTE-MARIT DI NORVEGIA

Mette-Marit Tjessem Høiby (19/8/1973), moglie del principe Haakon Magnus di Norvegia.

Segni particolari: Ha un curriculum da bad girl (foto osé, consumo di droga, un figlio avuto dall'ex partner scapestrato), ma oggi è molto amata dai norvegesi per la sua contagiosa solarità.

Etiquette, s'il te plaît

Bollata a lungo come un concetto vintage, l'educazione – *thank God!* – è nuovamente in grande spolvero. Ed essere considerate delle signore non è più il segno ineluttabile dell'età che avanza, quanto la qualificazione di un modo di porsi, di un tratto distintivo che, al di là delle mode, attraversa generazioni di donne apparentemente diversissime: da Audrey e Katharine Hepburn a Jennifer Aniston e Cate Blanchett, oltre ad altre attrici che balzano subito alla mente: Catherine Deneuve, Gwyneth Paltrow, Nicole Kidman. E poi Jacqueline Kennedy Onassis, l'immancabile principessa Diana, la giornalista Christiane Amanpour, l'ex top model Christy Turlington, l'anchorwoman Oprah Winfrey...

I loro denominatori comuni? Grazia, gentilezza, discrezione, equilibrio, umiltà, integrità e dignità, soprattutto nell'affrontare le sfide più toste della vita. Queste le doti macroscopiche, seguite a ruota da incrollabile stima di sé (ma senza la minima traccia di supponenza), indipendenza e consapevolezza di ciò che è giusto e sbagliato, con un riverbero coerente sul comportamento. Extra molto graditi: una naturale inclinazione per lo stile, una conoscenza applicata delle buone maniere, senso etico, rispetto per il prossimo, interesse e impegno nel sociale, (auto)ironia. Il tutto reso unico dal particolarissimo marchio di fabbrica che ognuna di noi ha l'opportunità di imprimere, legato a personalità, temperamento, vocazioni.

In altre parole, il fatto di indossare i capi e gli accessori più di tendenza, bere l'aperitivo giusto, brandire unghie frenchmanicurate (per nulla principesche...) e sedurre indiscriminatamente a colpi di push-up (come si vede regolarmente in televisione) non va letto come sinonimo di elevazione, quanto piuttosto di omologazione in versione discount. L'esempio fornito dalle varie Paris Hilton, Lindsay Lohan, Britney Spears e Nicole Richie funzionerà per fare incetta di copertine sui tabloid o per scalare le classifiche sui siti a luci rosse, ma non per ricevere una laurea honoris causa all'Università virtuale delle Principesse.

Paradossalmente trasgressiva, a questo punto, la scelta dell'attrice Natalie Portman, che rifiuta di farsi ritrarre in pose sexy e sceglie oculatamente i suoi ruoli perché vuole essere un esempio positivo per le adolescenti. Voci ben informate a Hollywood sostengono che avesse addirittura rinunciato alla parte di coprotagonista nel film *La mia adorabile nemica* (1999), a causa di una scena di nudo giudicata gratuita. Ma la minaccia di Susan Sarandon di abbandonare il set qualora Natalie avesse dato forfait risultò decisiva nel far togliere dal copione la parte incriminata.

> *«È una ragazza davvero in gamba, che è stata educata ad avere un gran rispetto per se stessa e fiducia nelle sue capacità. Al punto che, sotto diversi punti di vista, sembra più adulta rispetto alla sua età... Inoltre, possiede uno charme naturale, che la rende decisamente diversa dalle sue coetanee.»*
>
> Susan Sarandon su Natalie Portman

A scuola di classe

La domanda che mi sento fare più spesso è se la signorilità va considerata come un regalo del DNA o si può conquistare attraverso studio e applicazione, esattamente come l'ottimo voto a un esame. La mia convinzione è che annoverarla tra i punti di forza del proprio bagaglio genetico e, soprattutto, averla assimilata attraverso il percorso educativo renda tutto molto più semplice. Ma devo anche aggiungere che, con la volontà e la determinazione, ho visto colmare lacune di base francamente disarmanti.

Sarà per i requisiti elencati all'inizio di questo capitolo e per l'aura di perfezione che ammanta l'argomento, sta di fatto che da una Principessa non ci si aspettano manchevolezze, difetti o défaillance. Ma ovviamente, trattandosi pur sempre di un essere umano (per quanto evoluto!), come chiunque altro è destinato ogni tanto a sbagliare e a fallire. Quello che credo faccia la differenza è la sua costante consapevolezza, presente anche nell'eventualità di un errore, di come ci si dovrebbe comportare. È proprio questa caratteristica a rappresentare l'essenza della naturale distinzione.

Per il resto, la nobiltà di una persona si esprime soprattutto nella vita quotidiana e riporta alla mente polverose (ma tuttora fondamentali) nozioni da *Manuale delle Giovani Marmotte*, come l'automatismo di ringraziare quando ci viene fatto un favore, tenere una porta o la tenda del cinema aperte per chi è dietro di noi, far uscire le persone prima di entrare in qualsiasi luogo chiuso, inserire la carta nel cassetto della fotocopiatrice dopo averla utilizzata, lasciare il sedile a un anziano o a una donna incinta su un mezzo pubblico, far crescere professionalmente i propri collaboratori sul posto di lavoro, assumere un ruolo attivo nel sedare uno scontro anziché alimentarlo, rispettare le opinioni degli altri anche quando sono diverse dalle nostre...

Una Principessa non addita con l'indice, non sbraita, ma nemmeno sussurra nell'orecchio altrui coprendosi con la mano; tiene a freno eventuali malumori, irritazione, noia, senso di superiorità; disdice tempestivamente gli appuntamenti presi e ai quali non può più prendere parte; non si presenta mai a casa di qualcuno a mani vuote. In sintesi, non è centrata unicamente su di sé ma ha contemporaneamente una visione panoramica sugli altri.

E, quando gli standard qualitativi intorno a lei si abbassano, ha il coraggio di continuare a mantenere alta la sua metaforica asticella del salto in alto. Nel caso in cui gli atteggiamenti appena elencati non rientrino nel suo corredo ereditario, li acquisirà attraverso la disciplina, finché non saranno diventati come una seconda pelle. Altro indizio fondamentale: la fiducia che ha nelle sue capacità le permette di non farsi condizionare troppo dal giudizio del prossimo e di non sentire alcun bisogno di applicare verbi come ostentare, vantare, sbandierare, sfoggiare o sciorinare.

> *«Mi fa impazzire il modo in cui cammina. Lei non fa mai caso all'immagine che proietta di sé. Non è che non le interessi... È che non si lascia influenzare, ecco. E questo le dona una grazia speciale.»*
>
> Rob Gordon (John Cusack)
>
> PARLA DI LAURA (IBEN HJEJLE) NEL FILM *ALTA FEDELTÀ*

Ma la vera sfida, per un'aspirante gentildonna, consiste nel conservare un aplomb regale quando è sotto pressione, ricorrendo magari al caro, vecchio trucco di inspirare profondamente e contare fino a dieci; fretta e impulsività, infatti, remano contro una vera lady. Un esempio positivo – che ha fatto letteralmente storia – è quello di Madeleine Albright: la prima donna americana a ottenere, nel 1977, la carica di Segretario di Stato.

Pure il garbo gioca un ruolo strategico. L'attrice Sarah Jessica Parker, che nella vita è un'autentica Principessa (mille volte più di Carrie, il suo fantastico personaggio in *Sex and the City*!) ha tenuto a lungo la parola «Grace» come salvaschermo del cellulare, per non dimenticare di rispondere con voce gentile perfino alla ventesima telefonata a catena. Io ho rielaborato l'idea scegliendo una foto in bianco e nero di Audrey Hepburn, ovvero la raffinatezza fatta persona, per ricordarmi a ogni squillo che anche solo il sessanta per cento della sua classe costituisce un ottimo traguardo. E per comportarmi di conseguenza.

Se la grazia rappresenta idealmente il modo in cui dovremmo rapportarci con l'ambiente circostante, la dignità ha radici ancora più profonde e può essere definita come il rispetto che nutriamo verso noi stesse e che automaticamente induciamo negli altri.

> *«Se non ti prendi seriamente cura di te stessa, se non ti trovi un granché interessante, come potrai credere a chi dimostrerà di essere attratto da te?»*
>
> *Julia Roberts*

L'amor proprio è la dote che ci fa attraversare il mondo a testa alta anche nei momenti più critici, come un rovescio di fortuna o la fine di una relazione. Jennifer Aniston è purtroppo specializzata in questo reparto, ma ha vissuto l'abbandono da parte di Brad Pitt e i tradimenti – assai poco eleganti, va detto – di Vince Vaughn con contegno e riservatezza stoici. L'(auto)ironia ha un ruolo chiave da questo punto di vista: aiuta a fronteggiare le sfide del destino, regala lucidità, prospettiva e, soprattutto, è di ottima compagnia!

Gentilezza nero su bianco

Anche se Internet non riesce ad appassionarmi più di tanto e il mio rapporto con la tecnologia potrebbe essere definito funzionale e distaccato, devo ammettere che quella dell'e-mail è un'invenzione fantastica. Ti consente di contattare chi vuoi senza il timore di disturbare e, soprattutto, senza costringerti a esordire con un classico della conversazione telefonica, il famigerato/preoccupato «Ti disturbo?» ogni volta che dal cellulare risuona un «Pronto!» rassegnato, scocciato, sbrigativo, interrogativo o trafelato (è quello del solito eroe, che cerca di entrare nel *Guinness dei primati* per essere riuscito a fare cinque cose assieme).

La posta elettronica ti autorizza a inviare silenziosamente un pensiero o un memo anche all'una di notte, dando al destinatario la possibilità di leggerlo quando gli risulterà più comodo. Permette di pesare le parole e quindi di comunicare «significato puro», al netto di eventuali ansie o imbarazzi. E poi ti rende più coraggioso, soprattutto quando c'è ufficiosamente in ballo la candidatura per un progetto o un potenziale posto di lavoro, perché sembra quasi esporsi al posto tuo, sussurrandoti: «Non ti preoccupare: penso a tutto io. Al limite non ci rispondono, ma almeno possiamo dire di averci provato!»

Insomma, è una grande alleata, che ha comunque le sue piccole regole principesche. La prima – banalissima ma seguita da pochi, educati eletti – è che quando si riceve un invito contrassegnato dall'acronimo RSVP o una mail personale è d'obbligo inviare una risposta, anche solo di una riga. Se si hanno solo venti secondi a disposizione, i primi cinque saranno impiegati per rivolgersi in modo diretto all'interessato (con un Ciao X! o Cara X) e gli ultimi tre per allegare un saluto cordiale, un abbraccio e il proprio nome.

La fretta non deve far dimenticare le regole base dell'ortografia e della punteggiatura. Il destinatario della mail non è necessariamente un appassionato di linguaggi cifrati e rinuncia volentieri a un fuoco d'artificio di errori che sembra voler dire unicamente: «Come avrai intuito, ho cose molto più urgenti e importanti da fare che scriverti in maniera decente». Infine, una Principessa non abusa del tasto «Send» ed evita di fare la simpaticona inviando tonnellate di barzellette, vignette pseudospiritose, petizioni per animali talmente rari che non sanno neppure di esistere eccetera.

Nonostante la palese comodità di e-mail, Messenger e delle mille altre diavolerie che saranno entrate in uso al momento in cui starai leggendo questo libro, niente, a mio parere, è ancora riuscito a superare la piacevolezza e il senso di calore che si provano quando si spedisce e si riceve un messaggio scritto a mano. Il suggerimento è di fare incetta di scatole da dieci di *Thank you cards* ogni volta che ti trovi a Londra (da Smythson) o a New

York (Kate Spade o Crane), perché nel mondo anglosassone il bigliettino di ringraziamento rappresenta un vero e proprio culto, che si esprime con una varietà infinita di proposte a livello di grafica e cartotecnica.

Altri posti da frequentare sono i negozi dei musei, per le bellissime riproduzioni di quadri famosi, ottima fonte di ispirazione per slanci estemporanei, come quello di inviare un pensiero «artistico» a una persona che ha condiviso un pezzetto importante della nostra vita, ma che poi magari abbiamo perso di vista. Perfino le rastrelliere delle cartoline gratuite, appese sui muri dei pub più trendy, riservano a volte delle piacevoli sorprese.

In sintesi, scegli la formula che preferisci, ma metti le ali alle tue parole. E, per rendere tutto più pratico, abituati a tenere sempre in borsa una penna e qualche francobollo adesivo (la variante preistorica, da inumidire sul retro, ha notoriamente l'abitudine di staccarsi quando non dovrebbe, con effetti rovinosi sul sistema nervoso). L'unico imperativo – qualora il motivo del ringraziamento sia collegato all'aiuto generoso di un amico, alla condivisione di un momento speciale, a un gesto premuroso – è di non aspettare il prossimo trigono favorevole ma di spedire il tuo biglietto il giorno successivo (in caso di impossibilità, vale il solito «Meglio tardi che mai»). Le circostanze giudicate obbligatorie dal galateo sono: dopo una cena importante, il ricevimento di un regalo (compresi quelli di matrimonio), un weekend dove sei stata ospite, un biglietto di condoglianze.

> *«Sono una fan del ringraziamento per iscritto. Non faccio ricorso alla posta elettronica; preferisco i cartoncini che si acquistano in cartoleria. Credo sia importante dimostrare gratitudine a chi si prende cura di noi.»*
>
> Candice Bergen

La puntualità prima di tutto

Ci sono persone che hanno un rapporto conflittuale con l'orologio e – questo diventa un nostro problema – sembrano non avere la minima percezione/rispetto del tempo altrui. Potrebbero adottare delle strategie molto semplici per arginare il perenne ritardo, come quella di spostare in avanti di almeno venti minuti le lancette, anticipare l'orario di un appuntamento quando se lo segnano in agenda o sul palmare, inventarsi delle punizioni terribili in caso di ritardo (niente cioccolato fondente per una settimana o – peggio – zero scarpe nuove fino al prossimo mese). E invece no: non trovano un minuto neppure per questo. Il che, ripeto, denota una totale mancanza di riguardo per gli altri. Ergo, se a una Principessa capita di essere sporadicamente (breve pausa per memorizzare questo importantissimo avverbio...) in ritardo: 1. ha di sicuro un'ottima giustificazione; 2. avvisa quanto prima; 3. si profonde in scuse al suo arrivo.

Un altro elemento da tenere in grande considerazione riguarda la voce; è severamente vietato urlare: il che si riferisce sia al tono sia al contenuto di quello che hai da dire. Non sono previste neppure attenuanti specifiche, del tipo: il cane ti ha azzannato le Manolo preferite (vedi puntata storica di *Sex and the City*); ti sei svegliata con i capelli più crespi di un covone e non c'è siero capace di domarli; ha appena fatto la sua comparsa in edicola il numero formato Treccani di *Vogue America* – quello con tutte le nuove collezioni – ma nel portafogli ti sono rimasti solo cinque euro. Nel caso in cui queste e altre sventure si sommino in rapida successione, è altamente probabile che prima di sera ne faccia le spese un essere ignaro e innocente. Ricordati questi due ultimi aggettivi quando starai per esplodergli addosso solo perché ha preso in prestito la tua cucitrice senza avvisarti.

Se hai provato l'ebbrezza (ed è successo a tutte noi) di rappresentare l'anello finale di una calamitosa catena di Sant'Antonio nella giornata di una persona, sai benissimo quanto sia sgradevole ricevere rimproveri urlati e ingiustificati. Per non passare dalla parte del carnefice, l'unica prevenzione possibile – di retaggio dichiaratamente new age – rimane quella di respirare a fondo, visualizzare la causa reale della nostra frustrazione e risparmiare così la vittima incolpevole.

Anche le imprecazioni o le interiezioni aventi per oggetto gli organi sessuali – a prescindere dallo stato d'animo che le ha provocate – dovrebbero essere episodiche quanto una stella cadente e più pensate che pronunciate.

Perdere le staffe solo in rarissime occasioni produrrà in compenso effetti prodigiosi (con conseguente sguardo esterrefatto di chi era convinto fossimo delle discendenti del Buddha Siddharta), soprattutto se l'esplosione è seguita da pacatissime scuse per il linguaggio non propriamente «oxfordiano».

Le parolacce non sono comunque mai giustificate di fronte ai bambini (perfino se i genitori sono degli habitué del turpiloquio), davanti a persone notoriamente allergiche al gergo scurrile e, come vedremo meglio in uno dei prossimi capitoli, neppure sul posto di lavoro (che rivelazione, eh?!).

> *«Il linguaggio volgare non mi è mai sembrato molto attraente. Ecco perché cerco di evitare il camionista che si nasconde in me.»*
>
> *Uma Thurman*

Quanto al tabacco, il coprifuoco attualmente imposto per legge ha fatto sì che le crisi d'astinenza da nicotina siano ormai tollerate, con commovente sfoggio di *pietas* umana, perfino dai più barricadieri dei salutisti. Una Principessa tabagista non si sognerà, in ogni caso, di estrarre una sigaretta dal pacchetto senza il permesso di chi le sta accanto, soprattutto se si trova in compagnia o in casa di non fumatori. Qualora si registrino delle proteste, rinuncerà con un sorriso rilassato alla sua dose di veleno, senza imprecare (vedi sopra) e soffocando l'impulso di strangolare il guastafeste di turno. Opzione b: si dirigerà con superiore distacco verso il più vicino terrazzo.

Fondamentale: nessuno riuscirà mai a coglierla in flagrante nell'atto di lanciare il mozzicone dal suddetto balcone o di gettarlo per terra oppure fuori dal finestrino dell'auto. L'inservibile reperto, infatti, andrà tenuto stoicamente tra le dita, finché non sarà stato trovato un ricettacolo idoneo a riceverlo. Il mio appello, a ogni buon conto, è di sperimentare tutto quello che la scienza ci mette a disposizione per eliminare questo vizio per nulla principesco. Lascio a un medico la predica sui danni alla salute e mi soffermo su aspetti superficialmente estetici, ovvero un lezzo pestifero – pronto a intridere come una nube tossica abiti, capelli, polpastrelli – e il fiato al gusto di fumo rancido.

Posto che si abbia la fortuna di trovare un fidanzato eccitato dalla prospettiva di baciare un posacenere in carne e ossa, il resto del pianeta coltiverà il sogno segreto che un giorno qualcuno inventi il Febreze da spruzzare direttamente sui fumatori. Detto questo, una Principessa virtuosa eviterà di fare una conferenza sugli effetti della nicotina a chi sta appestando la sua aria vitale e si limiterà a pregarlo gentilmente di spegnere lo zampirone.

Oui, je suis George Washington!

Altre regole sparse di bon ton che mi stanno implorando di essere ricordate durante la stesura di questo capitolo sono le seguenti: a tavola si mangia e si conversa;

attività extra, quali ritoccarsi il makeup, applicare il rossetto, pettinarsi o aggiustarsi il reggiseno o gli slip vanno perfezionate nel bagno delle signore. Chi è ampiamente uscita dall'adolescenza, e non può perciò più addurre la scusa di essere in balia degli ormoni, dovrà evitare le effusioni in pubblico che creano imbarazzo in chi guarda (e pensa: «Ma perché non vi cercate un motel?»). Ovviamente tenersi per mano o scambiare con il proprio partner un bacio innocente è permesso.

Una sana consuetudine, ingiustamente trascurata da molti, è quella di guardare negli occhi l'interlocutore durante una conversazione o mentre gli si stringe la mano. Oltre a essere un segno di rispetto e considerazione, ispira fiducia nell'altro. A questo proposito, è vietato interrompere chi sta parlando (esattamente il contrario di quello che succede nei talk show televisivi!), anche se l'intenzione è di comunicare un concetto destinato a cambiare le sorti dell'umanità. L'idea geniale aspetterà il suo turno...

Ci sono persone che sguazzano nel gossip e – in mancanza di carisma personale – diffondono presunte notizie sulle vite altrui, nel tentativo di accrescere la propria popolarità. Come già sottolineato nel primo capitolo, una vera Principessa non ha bisogno di sparlare né si diverte a farlo. Nel caso venga coinvolta in un discorso all'insegna del pettegolezzo, lo scoraggerà cambiando semplicemente argomento o pronunciando la frase magica: «Eviterei di parlare di X, visto che non è presente...» Il che rientra nella giurisdizione del reparto Tatto & Discrezione:

due virtù quasi vintage in un'epoca in cui la televisione sprona a lavare i panni sporchi fuori casa e regala una notorietà *mass market* spesso francamente immotivata.

Forse non tutti sanno che, come direbbe *La Settimana Enigmistica*, il primo presidente americano George Washington (1732-1799) era un appassionato di etichetta, al punto che i dettami del suo *Rules of Civility* risultano, a due secoli di distanza, di una modernità sconvolgente. Julia Roberts cita quel libro tra le sue letture preferite e rivela di portarlo sempre in viaggio con sé. Tra le regole contenute...

> *«Non dormire quando qualcuno sta parlando, non rimanere seduto quando gli altri stanno in piedi, non parlare quando dovresti rimanere zitto, non camminare quando gli altri si fermano.»*
>
> George Washington

Per questioni cronologiche, Mr. Washington ha tralasciato un aspetto fondamentale del moderno galateo: l'uso responsabile del cellulare. L'argomento meriterebbe ovviamente un intero capitolo, ma cercherò di riassumere perlomeno i precetti fondamentali:

1. Il telefonino va spento o disinnescato a livello acustico durante una riunione, un colloquio, un'intervista, una conversazione importante; e poi in chiesa, al cinema, al ristorante, in treno, in banca e in qualsiasi altro luogo in cui rechi disturbo.

2. Nel caso si attenda una telefonata urgente – e il posto dove ci si trova non richieda lo spegnimento del cellulare – al primo squillo ci si scuserà con i presenti e si guadagnerà l'uscita, per comunicare all'esterno.
3. La suoneria parla di noi esattamente come il vestito che indossiamo. Motivetti scalaclassifica, pseudolambade, ritornelli similspiritosi, frasi tormentone, trilli demenziali – specialmente se impostati con un'intensità sonora da rave party – si guadagnano il Tapiro d'oro del cattivo gusto.
4. Il volume della voce è fondamentale. C'è chi, solo per il fatto di trovarsi in mezzo al traffico o in un luogo affollato, urla come un imbonitore, fregandosene non solo della sua privacy ma anche di quella dell'interlocutore. In questi casi, prima di proseguire la conversazione è consigliabile individuare uno spazio in cui poter parlare senza il megafono incorporato.
5. In mancanza di auricolare o dispositivo vivavoce, è vietato l'uso del cellulare in auto, anche se non ci sono vigili nel raggio di tre chilometri.

Un appello accorato, che mi sgorga dal cuore, sull'uso degli sms in zona feste comandate: concediti di andare signorilmente controcorrente e, invece di inviare lo stesso messaggino polivalente all'intera, sterminata rubrica, personalizza l'augurio inserendo perlomeno il nome proprio del destinatario, il quale sarà felice di apprendere che per qualche secondo hai pensato a lui e non all'universo in generale.

Così è se ti piaci

Lo stile di una Principessa è fondamentale almeno quanto le sue buone maniere. Ed è collegato, più che al valore in euro del suo guardaroba, alla semplice eleganza dei capi che lo compongono, unita a una certa dose di classe e personalità nel modo di indossarli. Pensa alla già citatissima Audrey Hepburn e all'*understatement* del suo look vincente: camicia bianca, Capri *pants* e ballerine. Eppure ognuna di noi, ancora oggi, vorrebbe assomigliarle come una goccia d'acqua. Perché era lei a interpretare quei vestiti, e non viceversa.

> *«La bellezza che ammiro di più non è impegnata tanto a nascondere i difetti quanto a sottolineare la nostra assoluta unicità.»*
>
> *Isabella Rossellini*

Sottoscrivo questa frase. È essenziale saper individuare la propria nota esclusiva ed essere così abili da costruirci intorno una sinfonia. Penso al neo vicino al labbro superiore di Cindy Crawford, capace di renderla immediatamente riconoscibile rispetto alle altre *Übermodels* degli anni Novanta e, prima ancora, a Lauren Hutton che, con la sua bellezza acqua e sapone e quegli incisivi distanziati, nel 1973 risultava la modella con il cachet più alto.

Una donna speciale sa distinguere lo stile giusto per sé e declinarlo in base all'occasione, senza sembrare mai forzata o dare l'impressione di essersi impegnata eccessivamente negli accostamenti. Si prende cura del suo aspetto anche quando non ha in agenda appuntamenti o incontri particolari. E segue le tendenze, nel senso che ne è a conoscenza, senza diventare una fashion victim. Se il trend imperante sembra creato apposta per valorizzare il suo fisico (minimizzando i punti deboli) e la sua personalità, si divertirà ad assecondarlo con un capo o un accessorio. Ma eviterà di clonare i servizi di moda delle riviste patinate, per scongiurare il ridicolo e non dissipare il patrimonio in una montagna di oggetti destinati a essere bollati come out nel giro di pochi mesi.

In genere, preferisce investire sulla qualità dei tessuti e dei dettagli che durano molto più di una stagione, anziché accumulare straccetti usa-e-getta. Ma il suo asso nella manica consiste nell'abilità di mescolare la griffe in incognito (l'ostentazione del logo non è assolutamente principesca!) con l'oggetto del mercatino o del mega affare *low price*. Memorabile, da questo punto di vista, il coraggioso assemblaggio *total black* di Sharon Stone alla consegna degli Oscar del 1996, che prevedeva una lunga gonna di Valentino e un top a collo alto di... Gap!

«Mi farei sparare piuttosto che indossare un bustier.»

Candice Bergen

Una Principessa ringrazia con un sorriso quando riceve un complimento sul suo look, ma evita di rivelare dettagli come il prezzo o il marchio dell'abito (a meno che non le venga esplicitamente richiesto, oppure si tratti di un vero affare di cui potrebbe approfittare anche l'interlocutrice). E poi non dà, neanche sotto tortura, sfoggio di vanità rimirandosi in tutte le superfici riflettenti che le capitano a tiro, mettendosi in posa, sporgendo in fuori le labbra per fare la seducente, avvolgendo una ciocca di capelli sul dito o (peggio) controllandosi le doppie punte mentre parla. Quanto alla percentuale di sex appeal mediamente concessale, tenderà allo zero nei contesti religiosi, professionali, scolastici e famigliari, per riprendere quota a una festa, in discoteca o in camera da letto. Anche in questi casi, però, le modalità di espressione devono essere finalizzate a destare ammirazione, non allupamenti, strabuzzamenti, imbarazzi o incidenti agli incroci.

La costumista hollywoodiana Edith Head ha saputo coniare la definizione perfetta: «Un abito dovrebbe essere abbastanza aderente da rivelare che sei una donna, ma sufficientemente morbido per segnalare che sei una vera lady». Costretta a scegliere, stile pistola alla tempia alle *Invasioni Barbariche*, una giovane Signora preferirà rischiare di apparire *overdressed* rispetto alla situazione, piuttosto che troppo informale.

Tracciamo, a questo punto, la sua ipotetica «piramide sartoriale» (rivisitazione di quella alimentare). Il settanta per cento del guardaroba sarà costituito dai grandi classici che non vanno mai fuori moda – pronti a sostenerla soprattutto nei giorni in cui l'umore o il tempo a disposizione richiedono l'inserimento del pilota automatico davanti all'armadio – ovvero: l'intramontabile camicia bianca, un blazer scuro, un cardigan in cashmere, l'inseparabile tubino, una gonna nera al ginocchio, pantaloni a sigaretta dello stesso colore, un paio di jeans rigorosamente non scoloriti e dal taglio classico, un praticissimo *wrap-dress* (abito morbido da incrociare sul davanti, con cintura incorporata), un'eterna borsa Kelly o Birkin, un paio di stivaletti in vitello spazzolato. E poi t-shirt bianche a volontà (come prescritto in qualsiasi dieta alla voce «acqua» o «verdure bollite»), a patto che siano elasticizzate, lievemente scollate e moderatamente sciancrate.

> *«Avere uno stile personale significa essere capaci di dire di no. Una donna con un senso individuale della moda non può essere una fashion victim.»*
>
> Michael Kors

Il restante trenta per cento della piramide sarà rappresentato dalle new entry di stagione, ovvero capi e accessori legati al trend del momento, che hanno lo stesso compito delle spezie, ovvero quello di insaporire e rendere più attuale e interessante il patrimonio esistente.

Quanto ai gioielli, seguono la regola valida per i dolci: dosi minuscole ma molto gratificanti (altrimenti la serotonina scende sotto i tacchi). Fuor di metafora, devono concentrare in quel loro essere minimalisti – per dimensioni e quantità – una raffinatezza sublime.

Qualche esempio sparso: una catenina sottilissima, come quella sfoggiata sulla pelle appena dorata da Cameron Diaz nel film *L'amore non va in vacanza* (2006); due piccoli diamanti o le classiche perle ai lobi; un orologio di classe; una *chevalière* (anello con monogramma, portato spesso al mignolo, che quei soliti bastian contrari dei francesi declinano al femminile, come *bague*). L'importante è che il suddetto monile sia di foggia antica, non come certi rifacimenti moderni che assomigliano ai tappi delle bottiglie di birra. Dettaglio di stile per chi ha i capelli lunghi e lisci: uno chignon basso da prima ballerina, ispirazione Carolyn Bessette Kennedy. Da evitare, per tutte: i residui bianchi di deodorante sul vestito nero e le tracce ocra di fondotinta/autoabbronzante sul colletto della camicia bianca.

Insisto sulla necessità di investire una parte consistente del proprio budget in scarpe e borse di qualità, perché regalano un incredibile valore aggiunto anche a un look essenziale. Gli accessori sbagliati o scadenti, al contrario, hanno la capacità di deprezzare perfino la creazione più esclusiva. Per esperienza, sconsiglio di mettersi in lista d'attesa per la *It bag* del momento, anche se ci sembra di non poter sopravvivere senza il prezioso feticcio al braccio. Quando, molti mesi dopo, avrà fatto finalmente il suo ingresso nel nostro armadio, la città risulterà misteriosamente invasa da tutte le sue varianti cromatiche, nonché da una serie infinita di imitazioni scadenti. Come se non bastasse, a fine stagione la borsa tanto agognata sarà implacabilmente out, mentre noi staremo ancora vivendo a pane e acqua per riassorbire l'ematoma del salasso.

«Gli abiti senza accessori sono come il sesso senza orgasmo.»

Robert Lee Morris

Vale la pena di ricordare che nessuno vede l'etichetta cucita dietro un colletto (a meno che non abbia ripescato in solaio i famigerati occhiali a raggi X dell'*Intrepido*!), mentre noterà all'istante se il vestito che indossiamo cade male. Ergo, disporre di un sarto o utilizzare quello messo a disposizione dal negozio per i piccoli aggiustamenti è cosa buona e giusta. Nota a margine: le sottili grucce in ferro della tintoria sono l'equivalente della criptonite per Superman, nel senso che indeboliscono mortalmente il nostro stile. Innanzitutto lasciano due vistose protuberanze sulle spalle di abiti e maglioni, portandoci quasi a rimpiangere le orrende spalline imbottite degli anni Ottanta. E poi, permettendo al guardaroba di raggiungere una densità pari a quella della foresta amazzonica (il tallone d'Achille di ogni Principessa è la tendenza all'accumulo), fanno sì che l'armadio si tramuti in un ammasso di abiti spiegazzati.

La colonna portante

Siamo giunte all'equivalente della stella cometa sull'albero di Natale, della ciliegina sulla torta, della panna sull'*Eis Kaffee*... Sto parlando del portamento! Un abito meraviglioso, interpretato con scarsa convinzione e una deambulazione da gibbone, perderà infatti gran parte del suo appeal. La stilista americana Kate Spade, creatrice di accessori splendidi e di piccoli libri-gioiello imperniati sullo stile e sulle buone maniere, consiglia di individuare la postura perfetta posizionandosi di fronte a un grande specchio, di quelli a figura intera. La prima indicazione è di ruotare le ginocchia leggermente all'esterno, mantenendo i piedi distanti quanto la larghezza delle spalle. La mossa successiva consiste nel portare in dentro la pancia e sollevare i glutei contraendoli. L'attenzione passa ora alle spalle, che devono essere rilassate, mentre la schiena si raddrizza come se fosse tirata dall'alto da un filo invisibile. Questo spingerà in avanti il busto. Infine, la testa va allineata alla colonna vertebrale e il mento sollevato fino a risultare parallelo al pavimento. Respirare profondamente per un minuto nella posizione ideale aiuterà a memorizzarla.

I primi tempi è richiesta una certa dose di concentrazione per assimilare la postura corretta fino a farla diventare propria senza beccarsi un'emicrania. Ma il riscontro meravigliato di colleghi e famigliari, unito al fatto di sentirti più alta, magra e sicura di te rappresenterà un ottimo sprone a non tornare alla vecchia andatura ispirata al Gobbo di Notre Dame. Ora completa l'insperato allungamento della schiena con un viso sorridente e l'irrinunciabile *confidence* (ovvero la fiducia nelle tue possibilità illimitate). Il loro patto d'acciaio farà in modo che tu venga notata prima di quello che indossi. E ti renderà semplicemente indimenticabile.

> *«Il desiderio improvviso di sentirsi bella la portò a raddrizzare il dorso. Bella? Per chi? Ma per se stessa, ovviamente!»*
>
> Colette

Ultimissimo consiglio molto personale (leggi: facoltativo). La pratica di scegliere una «icona fashion» risulta decisamente utile soprattutto nei casi in cui non sia stato ancora identificato uno stile su cui apporre il proprio copyright o qualora si abbia voglia di un cambiamento radicale ma la direzione da prendere sia contrassegnata da un enorme punto di domanda. La musa di riferimento potrà coincidere con una gloria del passato oppure con una diva in carne & ossa e il guardaroba relativo appartenere a un film o alla realtà. Perfino le grandi attrici/popstar di oggi guardano spesso a figure leggendarie del secolo scorso. Sharon Stone ha studiato nei minimi dettagli Marlene Dietrich, Madonna ha clonato Marilyn Monroe (soprattutto nella fase *Blonde Ambition*) e Gwyneth Paltrow ricorda, per mille aspetti, Grace Kelly.

Il passo successivo consiste nell'immedesimarsi nella nostra ispiratrice e chiedersi, a ogni potenziale acquisto, se lei avrebbe comprato quel dato capo o quell'oggetto oppure l'avrebbe lasciato con sguardo sdegnoso sullo scaffale. Il che – incredibile ma vero – oltre a produrre come risultato un abbigliamento coerente dalla testa ai piedi, riduce drasticamente i danni da shopping compulsivo.

In sintesi, dopo che la storia del tuo guardaroba sarà stata divisa nel periodo prima e dopo X (inserisci il nome dell'icona del cuore), la sensazione finale sarà di possedere un corredo finalmente all'altezza delle tue nuove esigenze. Addio rimorsi da acquisto cannato in fase compensativa, preciclo o postsfidanzamento: i capi flirteranno magicamente tra loro aumentando esponenzialmente il loro I.P. (Indice di Portabilità) e la gamma delle combinazioni possibili. E tu ti sentirai completa come un megaset di lussuosissime valigie con il monogramma (indovina quale...).

«Per essere elegante una donna deve sentirsi a suo agio in quello che indossa.»

Bill Blass

Ci vorrebbe un'amica

Quando si parla di amicizia una Principessa è il massimo della vita. Perché sa ascoltare e soprattutto pronunciare le parole di cui la sua *best friend* ha bisogno (non solo quelle che vorrebbe sentirsi dire...). Conosce il modo giusto per consolarla, confortarla, scrollarla, spronarla. Ha il coraggio di comunicarle che è arrivato il momento di fare una visita al parrucchiere, che è il caso di interrogarsi su un lavoro pagato splendidamente ma poco stimolante oppure su un fidanzato che la trascura (ma in compenso sembra molto focalizzato sulle altre!). A questo proposito, eviterà sempre e comunque di innamorarsi del partner della sua migliore amica, anche se i due non dovessero stare più insieme. Sarebbe infatti segno di cattivo gusto, desterebbe involontari sospetti sulla reale natura dell'amicizia e – nove volte su dieci – porterebbe alla constatazione (postuma) che non ne valeva proprio la pena.

Una Principessa mantiene la parola data, non dà forfait se all'ultimo le capita un invito più interessante e non si imbosca alle feste, soprattutto quando l'amica che la scorta non conosce nessuno (al contrario, la salva da eventuali marpioni appiccicosi...). Inoltre, non sparisce dalla faccia della terra ogni volta che si innamora, salvo poi rifarsi viva quando il misterioso lui è in trasferta per lavoro o... per sempre. E riesce a trovare qualche minuto – nelle sue giornate vorticose – per mandare una mail, un sms o per fare una telefonata alle persone che contano di più nella sua vita.

Quanto ai regali, da lei ci si aspetta che siano «pensati». Una confezione raffinata o curata, con un biglietto scritto a mano, alzerà il tono del classico pensierino. Al contrario, il palese riciclo dei doni non graditi è imbarazzante e offensivo; meglio astenersi del tutto, a meno che la potenziale destinataria non abbia manifestato più volte un debole per un oggetto particolare. Quando capita a noi di ricevere un regalo non esattamente mirato, il bon ton prescrive di accettarlo con un sorriso e molti ringraziamenti, in onore al vecchio proverbio «A caval donato non si guarda in bocca». Solo se il rapporto con chi ci ha omaggiate è confidenziale e rilassato, oppure ci viene offerta la possibilità di fare una sostituzione, potremo permetterci un'educata sincerità.

Ti stai chiedendo se una Principessa ha il fegato di far notare alla sua commensale che ha una fogliolina di prezzemolo incastrata tra i denti? La risposta è sì. Con il giusto tono la porterà a conoscenza di questa e di altre spinose verità, evitandole di diventare il fulcro inconsapevole di tanti sguardi imbarazzati per il resto della giornata. Quanto allo shopping con l'amica del cuore, non mostrerà neppure un'ombra di disappunto se quest'ultima le chiederà il permesso di acquistare una camicia identica alla sua (al contrario, interpreterà questo desiderio di emulazione come un attestato di apprezzamento per il suo buon gusto). E quando, davanti a una vetrina, le verrà domandato: «Come vedi questa gonna con il mio fantastico top?» non avrà bisogno di ribattere: «Quale top?» essendosi presa la briga di studiare in modo enciclopedico gli *outfit* delle amiche più importanti!

C'è tutto un mondo intorno

Una Principessa non chiude gli occhi di fronte alle sue responsabilità di consumatrice: è attenta al riciclo di carta, plastica e vetro, usa l'auto lo stretto indispensabile, non finanzia con i suoi acquisti aziende che inquinano, sfruttano o pubblicizzano messaggi difficili da condividere. E poi, non si tira indietro di fronte a una richiesta d'aiuto e devolve una parte del suo tempo o del suo denaro a una causa in cui crede. Perché sa che la somma dei nostri piccoli gesti responsabili può fare la differenza.

> *«Ho sentito che per me era arrivato il momento di restituire. Si tratta di uno slancio più da egoista che altruistico: sai che ti sentirai meglio ad aiutare gli altri.»*
>
> Audrey Hepburn
>
> SUL SUO IMPEGNO COME AMBASCIATRICE UNICEF

I segni particolari di una vera Principessa

Emana un'eleganza naturale
È puntuale
Ha una parola gentile per tutti
Ti guarda negli occhi quando parla
Flirta con classe
È coerente con se stessa
Sa ridere delle sue debolezze
Coltiva le amicizie
Dà il buon esempio
Ama la sincerità

Non parla male degli altri
Non ha bisogno di dire parolacce
Non alza la voce
Non subisce in silenzio
Non tradisce la fiducia di chi la ama
Non arriva a un party a mani vuote
Non esce con l'ex della sua amica
Non si prende troppo sul serio
Non si svende mai
Non pensa che il mondo ruoti intorno a lei

A lezione dalle star

Le mie icone fashion di riferimento, con la lista dei film che hanno fatto la storia del guardaroba

---

Anne Bancroft

Il laureato (1967), di Mike Nichols.

Ingrid Bergman

Casablanca (1942), di Michael Curtiz.

Cate Blanchett

Elizabeth (1998), di Shekhar Kapur.

The Aviator (2004), di Martin Scorsese.

Maggie Cheung

In the Mood for Love (2000), di Wong Kar-wai.

Catherine Deneuve

Les Parapluies de Cherbourg (1964), di Jacques Demi.

Bella di giorno (1967), di Luis Buñuel.

L'ultimo metrò (1980), di François Truffaut.

Marlene Dietrich

L'angelo azzurro (1930), di Josef von Sternberg.

Marocco (1930), di Josef von Sternberg.

Shanghai Express (1932), di Josef von Sternberg.

Faye Dunaway

Gangster Story (1967), di Arthur Penn.

Chinatown (1974), di Roman Polanski.

Kirsten Dunst

Maria Antonietta (2006), di Sofia Coppola.

Mia Farrow

Rosemary's Baby – Nastro rosso a New York (1968), di Roman Polanski.

Il grande Gatsby (1974), di Jack Clayton.

Greta Garbo

Margherita Gaultier (1936), di George Cukor.

Ninotchka (1939), di Ernst Lubitsch.

Rita Hayworth

Gilda (1946), di Charles Vidor.

Tippi Hedren

Gli uccelli (1963), di Alfred Hitchcock.

Marnie (1964), di Alfred Hitchcock.

Audrey Hepburn

Vacanze romane (1953), di William Wyler.

Sabrina (1954), di Billy Wilder.

Colazione da Tiffany (1961), di Blake Edwards.

Katharine Hepburn

Il diavolo è femmina (1935), di George Cukor.

Scandalo a Filadelfia (1940), di George Cukor.

Improvvisamente l'estate scorsa (1959), di Joseph L. Mankiewicz.

Lauren Hutton

American Gigolò (1980), di Paul Schrader.

Diane Keaton

Io e Annie (1977), di Woody Allen.

Tutto può succedere (2003), di Nancy Meyers.

Grace Kelly

La finestra sul cortile (1954), di Alfred Hitchcock.

Caccia al ladro (1955), di Alfred Hitchcock.

Alta società (1956), di Charles Walters.

Marilyn Monroe

Come sposare un milionario (1953), di Jean Negulesco.

Gli uomini preferiscono le bionde (1953), di Howard Hawks.

Quando la moglie è in vacanza (1955), di Billy Wilder.

Kim Novak

La donna che visse due volte (1958), di Alfred Hitchcock.

Una strega in paradiso (1958), di Richard Quine.

Gwyneth Paltrow

Il talento di Mr. Ripley (1999), di Anthony Minghella.

I Tenenbaum (2001), di Wes Anderson.

Kristin Scott Thomas

Il paziente inglese (1996), di Anthony Minghella.

Jean Seberg

Bonjour Tristesse (1958), di Otto Preminger.

Fino all'ultimo respiro (1960), di Jean-Luc Godard.

Meryl Streep

La mia Africa (1985), di Sydney Pollack.

Elizabeth Taylor

La gatta sul tetto che scotta (1958), di Richard Brooks.

Venere in visone (1960), di Daniel Mann.

Questione di stile

L'abito non farà il monaco ma rischia di rivestire – letteralmente – un ruolo fondamentale per una Principessa, determinata a considerare la Forma come un rispecchiamento coerente della sua Sostanza, anche quando è lontana dalla luce dei riflettori. In altri termini, lei è convinta che i momenti di relax non giustifichino la sciatteria e non corre certo il rischio di imbattersi nel suo futuro boss/boyfriend/amico speciale con il viso più stropicciato di un letto sfatto e i capelli in disordine. Perché sa che questo incontro fatidico potrebbe capitare in un momento altamente inopportuno, per esempio mentre sta andando a gettare il sacchetto dei rifiuti (e in quel preciso istante, grazie a un trigono benefico più raro della cometa di Halley, il nuovo vicino di casa – «rimescolante» quanto il dottor Derek Shepherd di *Grey's Anatomy* nonché miracolosamente sfidanzato – è alle prese con il trasloco...).

La suddetta Principessa rimane costernata di fronte

alle foto paparazzate di certe star di Hollywood (in teoria dotate di *personal stylist*), irriconoscibilmente struccate e con due dita di ricrescita scura all'attaccatura di una chioma stopposa, esibita durante la capatina in incognito al supermarket, per la gioia dei tabloid. Oppure imbozzolate in una tuta informe e con la pinza di plastica saldamente ancorata ai capelli: *mise* ormai tristemente d'ordinanza per la passeggiatina con il cane.

Davanti a quelle immagini di ingiustificabile trascuratezza, in preda al raccapriccio, giura solennemente a se stessa che mai e poi mai si infliggerà una simile punizione estetica. E, con il palmo della mano destra appoggiato sulla sua bibbia laica, *The Goddess Guide* (di Gisèle Scanlon, vedi bibliografia), promette di seguire scrupolosamente le dritte che seguono, provate e garantite dalla sottoscritta (sì, anche se non è ancora famosa e fuori dal suo portone non si scorgono gli stuoli di fotografi che attendono Julia Roberts/Anna Scott nel film *Notting Hill*...).

Vestiti, usciamo!

Il mio primo consiglio – soprattutto in vista di un invito importante – è di azzerare il tasso d'ansia, che normalmente lievita all'approssimarsi dell'evento clou, evitando di prepararsi all'ultimo. Il che significa ***approntare un look mozzafiato già la sera prima, con estrazione dall'armadio del capo prescelto e dispiegamento del suddetto sul letto, per un esame ravvicinato del suo stato di conservazione e stiratura,*** nonché per lo studio degli accessori più indicati (scarpe, borsa, bijoux).

Se non c'è stato il tempo materiale di pensare in anticipo a una *mise* (esempio: la vigilia dell'avvenimento tanto atteso è stata dedicata ad attività ludico-ricreative a tasso lievemente alcolico e la giornata successiva, quella dell'incontro topico, è trascorsa in prima linea in ufficio), è fondamentale recuperare i minuti legittimamente perduti mentre si cerca di resuscitare sotto la doccia, probabilmente verso le sette di sera. Il che significa passare in rassegna mentalmente il guardaroba, iniziando a configurare nella propria testa l'abbigliamento che si indosserà di lì a poco. Fondamentale, in questa fase, riuscire a insaponarsi tenendo le dita incrociate, per scongiurare il tragico effetto sorpresa di un bottone saltato, dell'orlo scucito o di una ragnatela di sgualciture inopportune sul capo prescelto, per via della densità abitativa da subcontinente indiano presente nell'armadio.

La regola generale, valida per l'assemblaggio di ogni *outfit*, è quella di ***individuare di volta in volta il «pezzo forte» del proprio corpo e concentrarsi sulla valorizzazione di quello, rinunciando a sfoderare, in un attacco di bulimia esibizionistica, il cosiddetto «poker d'assi»*** (seno + gambe + fondoschiena + zona ombelico), facendo in pratica proprio l'opposto di ciò che si vede in certi trashissimi programmi televisivi. Un pullover con la scollatura a V o una blusa leggermente aperta esaltano il décolleté; l'abbinata gonna fasciante & tacchi alti mette in primo piano il *backstage*;

mentre jeans a vita bassa e top corto rendono protagonisti gli addominali a tartaruga faticosamente conquistati in palestra. L'imperativo, in tutti i casi, è di offrire la zona prescelta alla vista altrui con estrema «discrezione». La seduzione deve essere sussurrata, non urlata con il megafono.

Un discorso a parte meritano le scarpe, che da sole possono rendere indimenticabile anche l'abito più neutro. Come sostiene Sarah Jessica Parker, a che cosa servirebbero le nostre estremità, se non a portare a spasso i capolavori di Manolo Blahnik? Trattasi degli unici, peraltro, che permettono una deambulazione quasi rilassata perfino con dieci centimetri di tacco.

Piccola nota a margine: come la caccia di un nuovo capolavoro sartoriale richiede un *underwear* impeccabile (leggi: reggiseno-seconda pelle capace di fornire il giusto sostegno & slip invisibili, di quelli che non fanno affiorare le cuciture a metà natica), ***la prova delle calzature va sempre affrontata con alluci freschi di pedicure, anche quando si è alla ricerca di un paio di stivali.*** Questo perché un piede curato, durante l'individuazione del feticcio perfetto, svolge un'azione energizzante sulla propria autostima modaiola. Uno smalto effetto stratificazione geologica, invece, taglia letteralmente le gambe.

Inoltre, bisogna mettere in conto che perfino durante l'acquisto dell'anfibio ideale potrebbe scattare il colpo di fulmine per un sandalo da sera assolutamente superfluo ma irresistibile, di quelli che promettono un'agenda fitta di serate ad alto tasso seduttivo. Di norma, meglio dedicarsi a questo genere di shopping la sera, quando il piede è leggermente più gonfio, per evitare di dover fare i conti con uno stivaletto malese nelle settimane a seguire. Vesciche e cerotti (anche quelli trasparenti) non sono affatto eleganti.

Verso i piani alti

Un'aspirante Principessa è perfettamente consapevole del fatto che un corpo in bilico su un tacco vertiginoso porta con sé una serie infinita di controindicazioni mediche. Ma sa pure che ***nient'altro ha il potere di farle sembrare la gamba così lunga, la coscia ben tornita, il polpaccio delineato e il piede più piccolo*** (mentre la famigerata ballerina, campionessa di comodità, fa esattamente il contrario!). Ecco perché, ancora prima di parlare, ha imparato a incedere su una grata, a fare lo slalom tra i cubetti di porfido, a inerpicarsi su una scala con la perizia di un trampoliere (in tutti e tre i casi, il peso del corpo va spostato sulla parte anteriore della superficie plantare, tenendo il tallone leggermente sollevato). Per quanto riguarda la discesa dalla scala appena menzionata, soprattutto in assenza di un corrimano, per evitare una caduta con conseguente frattura della tibia i passi dovranno essere lenti e un po' laterali, stile sciatore.

Supponiamo che questo libro rappresenti l'iniziazione assoluta alla tua vita principesca e tu senta la necessità di un piccolo manuale di istruzioni per il reparto calzature. Tanto per cominciare, ti consiglio di entrare in confidenza con i tacchi alti dimenticando temporaneamente l'esistenza dell'opzione a spillo; la pratica andrà eseguita, infatti, partendo da quelli «facilitati», ovvero i più spessi.

Durante la fase A (ovvero livello *beginners*) stringhe, lacci & cinturini sono i benvenuti, perché regalano stabilità come le rotelline della tua prima bicicletta. Tutti i sabot (ossia i modelli a forma di pantofola), l'adorabile décolletée con la cinghietta sul tallone (destinata a scendere implacabilmente) e i sandali-effetto-nudo dalla tomaia ridotta al minimo sono riservati, invece, ai corsi avanzati. La ragione è presto detta: in questi tre casi l'abbinata con un collant velato sprovvisto di soletta antiscivolo porta il piede a slittare in avanti o a dibattersi come una trota sul banco del pescivendolo. Quindi è auspicabile poter contare almeno sull'effetto adesivo delle pelle nuda o sulla soluzione intermedia di una calza a rete (non è esattamente principesca, ma gratifica l'occhio maschile quanto basta!).

Passando alla prova su strada, ***il vero trucco di una deambulazione perfetta sui tacchi sta nel partire sollevando il piede più stabile (il destro, nella maggioranza dei casi) e planando sempre sulla porzione anteriore della pianta,*** quella più carnosa, per poi ridistribuire il peso a ritroso fino al tallone. La stabilità viene assicurata dalla seguente postura: gambe leggermente flesse, addominali contratti (vedi a che cosa servono tutti quei crunch in palestra?), fianchi impercettibilmente spinti in avanti e glutei indietro, schiena dritta, spalle basse (basta cercare di avvicinare le scapole)...

In altre parole, la stessa tecnica di un funambolo sulla corda! ***Durante la camminata i fianchi finiscono per tracciare una specie di otto, che si traduce in un ancheggiamento leggerissimo — non dimentichiamo che sei una Principessa! — ma decisamente sexy.***

Non potendo purtroppo vivere stabilmente a dieci centimetri da terra, a meno che non si vantino livelli di resistenza e soglia del dolore da olimpiadi del sadomaso, le occasioni sociali più rilassanti, come l'ineluttabile pranzo in famiglia o il cinema con l'amica del cuore, rappresentano un'ottima scusa per far atterrare su una sneaker o su un'infradito il piede dolorante. La tua giornata sui tacchi non prevede soste o discese a bassa quota e l'effetto morsa è risalito dal piede lungo il corpo traducendosi in una fitta che ti sta trapanando il cervello? Alza bandiera bianca e infilati le ballerine (adesso sì!), che tieni disseminate per le emergenze nei posti clou, ovvero sotto il sedile della macchina, nell'armadietto dell'ufficio, sul fondo della tua borsa...

Ad alcune aspiranti Principesse è capitato di cercare la complicità di un tacchetto Sabrina (dall'omonimo film), che regala la gratificazione del diametro a spillo su un rialzo di pochi centimetri. Ma se hai letto con attenzione il mio libro *Io compro da sola*, sai che questo escamotage rischia di far apparire cosce e polpacci più voluminosi di quanto non siano già e rende il medesimo servizio alle caviglie tendenzialmente robuste. Lo stesso vale per le scarpe con il cinturino (alias Mary Jane), sia nella versione semplice sia in quella che forma una T sul collo del piede.

Per quanto riguarda le calze, se non appartieni alla stoica schiera delle fashion victim che affrontano l'inverno a gamba nuda (trend molto in voga qualche stagione fa a Londra e New York, con uno spiacevole revival dei geloni), il suggerimento è di fare incetta di collant neri in microfibra. Il 40 denari è praticamente indistruttibile, si sposa perfettamente con le gonne più corte, con i tacchi ragionevoli (sei centimetri) e con le zeppe; infine, occulta una – temporanea, mi raccomando! – foresta amazzonica, nel caso tu non sia ancora riuscita a incastrare in agenda la tua ceretta d'ordinanza. Imperativo categorico: le calze devono sembrare sempre appena uscite dalla loro busta in cellophane, e quindi non presentare fili tirati o zone ispessite dal contatto con l'interno della scarpa (un grande classico dell'horror, quando nella fretta vengono infilate nel senso sbagliato, è ritrovarsi la porzione usurata del tallone in bella mostra sul collo del piede...).

Ovviamente il discorso cambia se parliamo di un invito ultrachic. ***Più l'evento è formale, più evanescenti saranno le autoreggenti e alto e sottile il tacco.*** La raccomandazione, nell'acquisto di una calza 15 denari, è di non puntare al risparmio. L'ultravelata di qualità costa; l'opzione economica, invece, normalmente si smaglia mentre te la stai infilando. E visto che siamo in argomento, quest'operazione non andrebbe mai effettuata quando sei di fretta, saltellando su una gamba sola, bensì in tutta calma, seduta sul bordo del letto, facendo attenzione a non tirare i delicatissimi fili con le unghie e stendendo uniformemente i collant – dopo averli preventivamente arrotolati tra i pollici e gli indici – in modo che non si formino delle chiazze di colore più scuro. Per scaramanzia, tienine sempre in borsa un paio di ricambio, stile ruota di scorta.

Qualche altra informazione preziosa: ***il galateo delle calze impone che siano sempre di tonalità più chiara rispetto alle scarpe. Queste ultime, al contrario, possono essere più scure delle calze o dell'abbigliamento indossato,*** ma rigorosamente mai più chiare. Adottare il *total black* per gonna, collant (coprenti e opachi) e calzature produce un effetto prodigiosamente snellente e allungante sull'arto inferiore. Se hai un debole per la nuance effetto nudo, ma non te la senti di fare uno spogliarello in negozio per individuare la sfumatura perfetta, testala nella parte interna dell'avambraccio, ossia la parte del corpo in cui il colore della pelle si avvicina di più a quello delle gambe. Infine, le scarpe aperte sul davanti (le cosiddette *peep-toe*) richiedono calze invisibili, senza rinforzo anteriore, e pedicure perfetta.

La più bella del reame

Passiamo ora a un altro argomento strategico, quello della cura personale, per sottolineare che profumo & makeup vanno gestiti con estrema oculatezza. Nel primo caso ***è opportuno che la fragranza arrivi alle narici dei pochi eletti ammessi nel tuo raggio d'azione più ristretto e non dell'intero circondario.***

La vaniglia richiede particolare attenzione, perché ci avvolge come se fossimo uscite direttamente dalla bottiglia, tipo Genio della lampada. Il consiglio, quindi, è di applicare qualche goccia dell'essenza preferita nei posti canonici, ovvero, per dirla con le parole di Coco Chanel, «ovunque vorresti essere baciata» (ripasso per le single fuori allenamento: lati del collo, incavo dei gomiti e del seno, polsi e – new entry! – sulle caviglie, qualora il tuo *McDreamy guy* nasconda un'inclinazione fetish).

Per un sentore vaghissimo, praticamente subliminale, vale ancora la vecchia usanza di spruzzare una nuvola di profumo in aria e passarci in mezzo, catturando l'essenziale e lasciando generosamente all'universo l'eccedenza.

Il consiglio è di non farsi condizionare troppo dalla fragranza del momento (e dalla modella che la pubblicizza), quanto piuttosto dal modo in cui si sposa con la nostra pelle.

In tema di maquillage, l'orientamento verso un approccio «minimal» è condiviso da molti addetti ai lavori. Ricordo ancora come se fosse ieri un articolo-pietra miliare, pubblicato nel settembre 2006 dal mensile britannico *Easy Living*, dedicato alle due cultosissime *makeup artists* Ruby Hammer e Millie Kendall (creatrici della linea di cosmetici Ruby and Millie).

Il pezzo era stato illustrato con due foto delle intervistate immortalate assieme, stile «prima & dopo». Nello scatto datato 1996 i loro visi apparivano come un trionfo di occhi bistrati, ciglia finte, rossetto segnaletico, in tandem con unghie dall'aspetto plastificato nonché rapace.

In quello targato 2006 sembravano magicamente ringiovanite di dieci anni esatti, neanche fossero riemerse da uno dei miei quadri preferiti: *La fonte della giovinezza* (1546), di Lucas Cranach il Vecchio, esposto alla Gemäldegalerie di Berlino. Protagonista dell'immagine più recente: ***un trucco sapiente nel suo essere quasi invisibile, al totale servizio di un incarnato trasparente e radioso,*** frutto di un incontro al vertice tra base uniformante, fluido effetto luce, fondotinta mimetico e chissà quale altro prodigio della chimica.

Mentre stavo scrivendo le righe che hai appena letto, ho assecondato il *mood* nostalgico e sono andata a ripescare il prezioso cimelio nel mio archivio rigurgitante di ritagli. E ora, esausta ma vittoriosa, sono pronta a riassumerti le cinque dritte di Ruby e Millie per un aspetto impeccabile, arricchite da qualche considerazione personale.

1. Quando si supera la boa dei trent'anni (ma anche prima, se la pelle presenta qualche imperfezione) l'uso del fondotinta diventa un must. A patto che sia quello giusto, ossia leggero, luminoso, provvisto di fattore di protezione solare (idealmente SPF 15) e in simbiosi perfetta con il proprio incarnato. Inoltre, deve risultare trasparente, evitando di assumere sgradevoli sfumature giallastre o rosate. In merito all'applicazione esistono varie scuole di pensiero. C'è chi – sintonizzata sugli ultimi dettami del *face designer* Rajan Tolomei – non si separa mai dal pennello specifico, entrando in aperto dissenso con le nostalgiche della spugnetta

in lattice. Io appartengo a una fronda ancora più *old school*, che ha bisogno di «sentire» e scaldare il prodotto e quindi lo applica direttamente con le dita. ***Per evitare lucidità sulla zona T (fronte-nasomento) si rivela indispensabile una passata di cipria trasparente***: idealmente in polvere per il makeup del mattino e compatta per i ritocchi veloci fuori casa.

2. Il segreto di una pelle perfetta sta nell'uso «ragionato» del correttore; si rivelerebbe comodo (ma non è consigliabile) affidarsi *in toto* a un unico strumento, come il celeberrimo Touche Éclat di Yves Saint Laurent, soprannominato dalle riviste specializzate *the magic wand*, ossia la bacchetta magica, per quella sua capacità di neutralizzare le occhiaie e attenuare le rughe ai lati della bocca. A mio parere non è invece l'optimum per occultare brufoletti, discromie o capillari rotti, che anzi rischiano di essere messi ancor più in risalto dal suo «effetto luce». Per le piccole magagne c'è bisogno di un prodotto più cremoso e opaco, da picchiettare in dosi microscopiche e sfumare sapientemente.
3. L'eyeliner e, in generale, tutti i segni marcati invecchiano. ***Per valorizzare in maniera naturale l'occhio si consiglia di privilegiare gli ombretti neutri (beige, tortora, marrone)*** e, per dare maggiore profondità allo sguardo, di picchiettare un po' di eyeshadow grigio scuro o castagna all'attaccatura delle ciglia superiori con un pennellino angolare. Viene caldeggiato pure l'utilizzo del piegaciglia prima di pro-

cedere con due passate di mascara (non di più, altrimenti avviene la metamorfosi nella Donna Ragno!), perché regala un incredibile «effetto lifting».

4. Un incarnato impeccabile è il prodotto di un'alimentazione e di uno stile di vita sani e rispettosi del proprio corpo. L'aria riciclata dell'ufficio difficilmente conferisce un aspetto radioso da weekend in campagna. Imprescindibile, quindi, l'uso del fard. Da evitare come la peste la «terra» color cotto fiorentino, poco plausibile e colpevole di aggiungere al viso una manciata di anni non richiesti. ***Molto meglio i toni pesca o albicocca, soprattutto nella variante cremosa, da sfumare lungo l'osso dello zigomo*** con la punta delle dita o, per le affezionate della formulazione in polvere, con un grosso pennello. Il loro plus? Ringiovaniscono e danno un'aria sana perfino agli incarnati più spenti di una lampadina fulminata. Unica avvertenza: occhio a non farti prendere dall'entusiasmo, quindi evita i pomelli stile Heidi!
5. Poche cose risultano più trash di un contorno labbra sottolineato da una riga scura. Se non vuoi rinunciare a una maggiore definizione, cerca la complicità di una matita in sintonia cromatica con il tuo lipstick di fiducia. Altrimenti, ***applica direttamente il rossetto con un pennellino e non avrai bisogno d'altro*** (inoltre, dribblerai il rischio di coinvolgere nell'operazione gli incisivi). Il metodo più efficace (non ho detto il più elegante!) per evitare antiestetiche tracce cremose sui denti è il seguente. Infila l'indice in bocca,

chiudi intorno le labbra senza stringere troppo ed estrailo lentamente. L'eccesso rimarrà depositato alla base del dito anziché sui denti. (Nota bene: resta inteso che questo utilissimo iter deve avere come unico testimone lo specchio del bagno!)

Riassumendo tutta la seduta di makeup, l'ideale è partire da un ottimo incarnato di base, curare in modo quasi maniacale la pelle ed esercitarsi nel cavallo di battaglia di ogni prestigiatore: «Il trucco c'è ma non si vede», procedendo con mano leggera e facendo finta che quel colorito radiosamente uniforme, sfoggiato con nonchalance, sia un generoso regalo del proprio bagaglio genetico. In questo modo il maquillage potrà essere davvero ridotto al minimo, per consistere virtualmente solo in un velo di crema colorata, un soffio di cipria trasparente, un tocco illuminante sotto gli occhi, una passata di mascara e una goccia di gloss.

Ma se per un'occasione particolare cerchi l'effetto speciale di una bocca very red, stile Christina Aguilera, ricordati di puntare su quell'unico asso, mantenendo gli occhi in secondo piano. Al contrario, uno sguardo «gotico», realizzato con ombretto color piombo & kajal sfumatissimi, richiede labbra quasi nude. Tornando al rossetto color incendio, va sottolineato che è il più complicato da applicare: richiede una matita dello stesso tono per il contorno e un pennellino per l'applicazione; il che comunque, come già spiegato, riduce il rischio delle temutissime incursioni di lipstick sui denti.

Va anche detto che il rosso fuoco non è assolutamente indicato in tutte le situazioni in cui si chiacchiera, si pilucca e si sorseggia molto (leggi: aperitivo), a meno che non si voglia trascorrere la serata a bisbigliare passandosi la lingua di nascosto sugli incisivi e sorreggendo la flûte per il bordo, in modo da eliminare discretamente a ogni sorso le pastose tracce vermiglie con il pollice.

Colpi di testa

I capelli occupano un posto davvero speciale nella graduatoria di un *grooming* principesco. Il dogma assoluto è rappresentato da cura & pulizia, a prescindere dal colore e dall'acconciatura scelti. A questo proposito, evita di andare dal parrucchiere brandendo il solito «santino» strappato da un giornale; ***punta piuttosto su un taglio che sappia valorizzare la forma del tuo viso e il messaggio che vuoi veicolare.*** Divieto assoluto per le mèche bionde su una chioma scura e per le extension, che di norma appassionano chi ha i capelli troppo corti, con risultati decisamente poco convincenti.

Se vivi in una città molto inquinata, l'appuntamento con lo shampoo dovrà essere quotidiano (scegli una formulazione superdelicata) o a giorni alterni. La ricrescita, scura o grigia, dà un senso di inaccettabile trascuratezza. Il mio suggerimento è di segnare in agenda il tuo «Tinta day» – che potrebbe essere ogni tre o quattro settimane, a seconda dell'operosità del tuo bulbo pilifero – e di rispettarlo religiosamente. In generale, il biondo mimetizza meglio «il grigio che avanza», e così pure le pettinature ricce/mosse, che non espongono troppo l'attaccatura. Se sei una fan delle sfumature tra castano scuro e corvino o vivi in simbiosi con la piastra lisciante, il ritocco andrà onorato senza deroghe.

L'ideale sarebbe affidarsi sempre a mani esperte, ma siccome budget & tempo a disposizione potrebbero manifestare il proprio dissenso, non trovo poi così disdicevole specializzarsi nel *retouching* casalingo tra una seduta professionale e l'altra. Sei negata per ciotole e pennelli o non hai nessuna voglia di giocare da sola alla piccola estetista? Coinvolgi un'amica talentosa e trasforma questo rito in un'occasione per tenervi in contatto. L'unica raccomandazione è di limitare al massimo gli esperimenti e di concentrarti sul mezzo centimetro di ricrescita, senza farti sedurre da colpi di sole o decolorazioni *strong* domestiche. Quanto ai prodotti in commercio, ***privilegia le formulazioni prive di ammoniaca o resorcina che si trovano in erboristeria, consigliate per le donne in gravidanza: coprono benissimo i fili bianchi senza distruggere il fusto.***

Tra i vari trucchi per aumentare la lucentezza, quelli più amati dalla sottoscritta sono: ultimo risciacquo con acqua ghiacciata (per chiudere le cuticole) e aceto (toglie il calcare). Prima di procedere all'asciugatura applico un prodotto protettivo da circa metà lunghezza fino alle punte ed evito di usare il phon al massimo della temperatura. L'ultima passata, in ogni caso, deve essere fatta con aria fredda.

Anche le unghie meritano qualche annotazione, per ricordare che non devono essere trascurate, rosicchiate e martoriate in zona pellicine. Se ti senti sotto pressione, sfogati su un cargo di palline antistress ma non accanirti sulla punta delle dita. Ti regalo un'informazione preziosa: in questa società ultratecnologica, *visual* e frettolosa, non si ha mai una seconda occasione per fare una buona prima impressione (mi piacerebbe tanto che questa frase fosse mia, ma il copyright è dell'attore/umorista Will Rogers). Nel caso di un incontro – sia professionale sia di natura potenzialmente sentimentale – veniamo registrati visivamente, giudicati e inseriti in un file della memoria altrui in soli sette, impietosissimi secondi.

È stato inoltre verificato che l'impressione generale si basa su un poker vincente di dettagli, formato da pelle (che deve essere percepita come pulita e luminosa), capelli (freschi di shampoo & taglio/spuntatina), denti (bianchi, regolari, curati) e mani. Le unghie, in particolare, dovrebbero essere «plausibili». Gli artigli in resina, gel o qualsiasi intruglio destinato ad aumentarne artificialmente lunghezza e spessore fanno pensare a Grimilde (la strega di Biancaneve) e non sono degni di una Principessa, per non parlare degli effetti dannosi sulla cheratina.

A meno che la tua ambizione segreta sia quella di intraprendere la carriera di pornostar, ***limitati a valorizzare il patrimonio esistente con una manicure che preveda un uso regolare della lima, pellicine curate e smalto trasparente rinnovato ogni tre o quattro giorni.*** In occasione di una serata ad alto tasso di glamour, la lunghezza delle unghie potrà essere aumentata di qualche millimetro (senza arrivare mai a una misura da porto d'armi) e resa più teatrale da una sfumatura molto scura, ispirazione Rouge Noir di Chanel, il capostipite di un trend inossidabile, che ha avuto come prima testimonial l'attrice Uma Thurman nel film *Pulp Fiction* (1994). Nuance come rosso vermiglio, fuoco o corallo sono difficilissime da portare con classe: richiedono dita lunghe, affusolate, abbronzate, di quelle che normalmente si incontrano solo sulle pubblicità ultrapatinate e che risulterebbero di una raffinatezza nobile e sublime anche se intente a chiudere il sacchetto del pattume.

Qualcosa di personale

In questo discorso globale sull'importanza dei dettagli anche la lingerie vuole la sua parte. È provato, infatti, che quando è raffinata e seducente ha un effetto positivo immediato su quella che gli inglesi chiamano *self confidence*, oltre a portarci automaticamente a camminare in modo più sexy. Deambulazione a parte, è comunque una questione di rispetto personale. Pensi che una Principessa come te si meriti un reggiseno ingrigito da troppi passaggi in lavatrice? Bene, vedo che stai facendo segno di no con la testa, quindi ***prevedi in agenda un repulisti periodico nel cassetto della biancheria e l'acquisto in contemporanea del nuovo underwear!***

A dispetto delle mode, non sono da considerarsi chic: 1) il push-up che spunta da una scollatura abissale o, in generale, il reggiseno a vista; 2) le spalline in silicone, che ingialliscono subito e risultano tutto tranne che trasparenti; 3) il reggiseno nero sotto la camicia o la t-shirt bianca; 4) quello candido, dal canto suo, risulta più luminoso di un'alabarda spaziale (succede pure con gli slip sotto i pantaloni bianchi). **Se non ci sono esigenze seduttive particolari, un completino color carne e con le cuciture ridotte all'essenziale è la risposta esatta a qualsiasi problema di mimetizzazione.**

Il perizoma, soprattutto nella versione a vita bassa, vince qualsiasi gara nel campo del «c'è ma non si vede» e dà il meglio di sé sotto le gonne fascianti o i pantaloni in cotone leggero. Il problema è che non ha un appeal principesco (soprattutto quando sbuca dai jeans) e, una volta tolto il vestito, è accettabile solo su glutei taglia 42 perfettamente sferici ed esenti da smagliature o cellulite.

Il che va valutato in previsione dei primi incontri ravvicinati con un potenziale Mr. Right, dove consiglio invece di andare sul sicuro: seno artificialmente rialzato da un morbido push-up con ferretto e slip con parte posteriore a triangolo, da portare abbastanza alto sui fianchi (con effetto allungante sulla coscia); tutto in pizzo di ottima qualità. Ovviamente solo un maschio su cento è in grado di valutare e apprezzare la differenza tra un pregiato *dentelle* e un'orrida imitazione acrilica, ma **il contributo fondamentale di un costosissimo due pezzi intimo sulla tua consapevolezza è che fa impennare il sismografo dello charme,** con quello che ne consegue a livello di resa tra le lenzuola. Senza dimenticare che stai frequentando questo corso per Principesse e quindi te lo meriti. Punto.

E questo ci porta a un altro caposaldo del pensiero principesco: lo «spezzato» potrà funzionare nell'abbigliamento maschile, ma mai nel reparto *underwear*. No categorico, quindi, agli abbinamenti anarchici o a quelli bicolori ispirazione Juventus, anche se è domenica pomeriggio e sei barricata in casa con un principio di influenza oppure con il ciclo mensile in avvicinamento.

Tornando al guardaroba, se al mattino sei in perenne ritardo, ti autorizzo a barare con te stessa tenendo spostate in avanti le lancette dell'orologio di riferimento (quello posizionato di solito in bagno o in camera). Fondamentale, a questo proposito, far sì che il «margine di vantaggio» non coincida con una cifra tonda – i classici cinque o dieci minuti, per intenderci –, in modo da rendere complicata l'operazione di risalire all'ora effettiva ogni volta che controllerai freneticamente il quadrante.

Personalizza lo scarto temporale a seconda del tuo indice medio di ritardo cronico: qualsiasi numero contenuto tra 6 e 23 minuti dovrebbe andare bene. Per l'ora reale/ufficiale farà fede l'orologio da polso, che durante i preparativi non andrà assolutamente monitorato, anzi, sarà sottratto alla vista, esiliato nell'angolo più remoto del cassetto del comodino ed estratto poco prima di uscire (miracolo: in perfetto orario!), con un sospiro di sollievo.

Fuori in sessanta secondi

Supponiamo che tu sia davvero in ritardissimo (sei rientrata all'alba e la sveglia ha suonato a vuoto); così adesso devi schizzare fuori di casa in dieci minuti netti. Questa non è, deduttivamente, l'occasione più propizia per far esprimere la *fashion stylist* che è in te sperimentando un nuovo look. Respira profondamente, non farti prendere dal panico e ***affidati a un mix di classici collaudati, tipo jeans scuri, camicia immacolata o pull nero a collo alto (a seconda della stagione) e stivaletti non troppo alti,*** visto che tra pochissimo dovrai inseguire un taxi, fiondarti in macchina o infilarti nel metrò. Oggi più che mai il capospalla dovrà infonderti sicurezza. Sceglilo semplice, elegante, autorevole, come un trench o un *balmacaan* (la variante monopetto).

Ma prima concediti almeno una doccia rapida, spruzza un'acqua energizzante sul corpo, sciacqua ripetutamente il viso con acqua ghiacciata (per ridurre gonfiore diffuso e occhiaie), dà una spazzolata ai denti (e alla superficie della lingua) cercando la solidarietà di un dentifricio alla menta. Se i tuoi capelli sono medio-lunghi, raccoglili in un piccolo chignon basso. Ora stendi un velo di crema colorata sul viso, elimina eventuali occhiaie con un prodotto veloce (perfette le penne-dispenser, che rilasciano la dose ideale con una semplice pressione sulla sommità), applica il mascara e passa sulle labbra un gloss colorato. ***Un trucco leggero e luminoso ha il potere di neutralizzare magicamente l'aria da zombie.*** Calcare la mano con fondotinta, fard e ombretti, nella speranza di un effetto mimetico, rende al contrario ancora più evidenti segni di stanchezza e sguardo spento.

Prima di chiuderti la porta alle spalle, applica dietro i

lobi una goccia del tuo profumo preferito e afferra un paio di orecchini semplici ma scenografici, tipo due cerchi d'oro o le intramontabili perle. Devi proprio scappare? Cacciali in tasca ripromettendoti di infilarli al primo semaforo rosso. Infine, svuota la tua borsa da Mary Poppins sul letto e travasa in una pratica minibag – capace di dare una marcia in più al tuo look – solo l'essenziale: portafogli, cellulare, chiavi, fazzoletti di carta, rossetto e cipria compatta (fondamentale per almeno due motivi: evitare le zone lucide, effetto *fish and chips*, a metà giornata e poter approfittare dell'infallibile scusa «Vado un attimo a incipriarmi il viso» per abbandonare al suo destino un interlocutore più soporifero di una compressa di Tavor).

Infine, se hai sempre sentito dire che una donna in ritardo è chic, permettimi di dissentire: l'attesa è forzatamente tollerata alle sfilate e tradizionalmente contemplata ai matrimoni. Per il resto, far aspettare sistematicamente le persone denota mancanza di educazione e di rispetto per gli altri, senza appello. Sono sicura che tu non lo faresti neppure sotto tortura...

Io faccio così

MIEI CONSIGLI DI BELLEZZA
TOP SECRET

Acqua

Dovremmo bere i canonici due litri di acqua al giorno. Ma io ho sempre trovato l'acqua noiosa e mi metto in pari preparandomi fin dal mattino dei thermos giganteschi di tè bianco, pieno di antiossidanti e con il piacevole extra bonus di non macchiare i denti. D'inverno, prima di mettere l'acqua sul fuoco, grattugio direttamente nel bollitore anche un po' di zenzero, che aiuta a tenere alla larga raffreddori & Co.

Alimentazione

Ci sono alimenti capaci di migliorare in modo sostanziale la qualità della pelle, rendendola più luminosa ed elastica (ovviamente, in assenza di intolleranze specifiche). Questi sono i miei preferiti in assoluto: salmone selvaggio, filetti di tonno, pesce azzurro (tutti ricchi di Omega 3), avocado, mandorle, spinaci, broccoli, carciofi, pomodorini ciliegia, tofu, mirtilli e... cioccolato extrafondente (un toccasana per l'umore!).

Brufoli

Evita di torturarli. Non riesci a trattenerti? Detergi la zona con cura, copri la punta degli indici con un kleenex, facendo pressione su entrambi i lati del comedone, vietandoti di usare le unghie. Una goccia di sangue (perdona il particolare truculento!) ti segnalerà che il nemico è stato estirpato. Abbandona subito il campo di battaglia e applica una goccia di olio di tea-tree per disinfettare la parte.

Energia

Quando i livelli energetici sono ai minimi storici, passare una spazzola di saggina o una loofah a secco sul corpo prima di fare la doccia riattiva miracolosamente la circolazione. Parti dai piedi, risali lungo il corpo e procedi sempre in direzione del cuore, anche quando ti dedichi alle braccia. Presta particolare attenzione alla zona fragile del seno.

Idratazione massima

Se la pelle del tuo corpo è molto secca, evita di asciugarti eccessivamente dopo la doccia e nutrila quando è ancora umida. Il vapore presente in bagno e l'aggiunta di qualche goccia di olio di germe di grano alla crema abituale faranno il resto.

Labbra

Ho sperimentato che i prodotti contenenti canfora (come il Blistex) tendono a seccarmi le labbra. Io scelgo sempre i balsami a base di burro di karité, cera d'api o cold cream.

Postura

Un portamento eretto ti regala un paio di centimetri extra in altezza, riesce a valorizzare un abito senza infamia e senza lode, ti fa apparire molto sicura di te, incide perfino sul modo in cui affronti le sfide della vita. Individua innanzitutto la tua postura ideale appoggiandoti contro una parete e mantenendo nuca, scapole, talloni a contatto. Le natiche, in particolare, dovrebbero essere premute contro il muro. Ora staccati e cammina senza cambiare la posizione.

Protezione solare

So che mi odierai, ma l'abbronzatura dissennata (soprattutto quella veicolata dalle lampade) aumenta esponenzialmente le rughe ed è causa di macchie solari, capillari rotti, assottigliamento del derma. Se non riesci a rinunciare alla tintarella, proteggi almeno il viso (anche d'inverno) con una crema ad alto fattore di protezione.

Repulisti

Per quanto noioso, impegnati a fare un *decluttering* periodico nelle zone più frequentate e affollate della tua vita: armadio, scarpiera, cassetto della lingerie, beauty case, borsetta... Non so dirti come mai, ma dopo aver fatto piazza pulita di un po' di cimeli ci si sente meglio e ci si vuole ancora più bene.

Scrub

Hai terminato il tuo prodotto di fiducia? Un ottimo esfoliante casalingo per il viso si ottiene aggiungendo a una manciata di zucchero di canna qualche goccia di olio d'oliva. Se ti sembra troppo aggressivo, puoi utilizzare dei piccoli fiocchi d'avena istantanea, trasformati in pasta con un po' d'acqua.

Very «profashional»

Una Principessa non si accontenterebbe mai di essere banalmente professionale. Lei è per definizione *profashional*, ovvero creativa, corretta ed efficiente, ma senza rinunciare a uno stile impeccabile anche quando è sotto pressione. La rassicurante naturalezza con cui fa lo slalom tra i paletti disseminati nell'agenda è frutto in realtà di grande pianificazione strategica, preparazione rigorosa e attitudine al *problem solving*.

Ma la sua caratteristica davvero «trasgressiva» è che persegue gli obiettivi senza rinnegare la buona educazione e il rispetto per gli altri. Risultato: tutti vorrebbero far parte della sua squadra! L'anomalia risiede nel fatto che nei cosiddetti «piani alti» delle aziende valori quali l'integrità o la sensibilità vengono spesso snobbati e considerati un ostacolo all'autoaffermazione. Quello che invece sembra prevalere è il raggiungimento del successo a ogni costo, soprattutto in assenza di grandi doti personali...

«Le persone si muoveranno sempre verso chi le valorizza e lontano da chi le penalizza.»

John C. Maxwell

In tutta onestà

Mentre stavo iniziando a dare forma a questo capitolo mi sono imbattuta in uno dei famosi corsivi, intitolati «Pubblico e privato», che Francesco Alberoni scrive per la prima pagina del *Corriere della Sera* del lunedì. Il tema riguarda la sopravvivenza dei duri e puri in mezzo a tanti squali in carriera. E siccome su di me ha avuto lo stesso effetto delle spagnolette per Superpippo, ne riporto fedelmente la parte più incoraggiante:

> «Gli onesti, coloro che hanno la bussola dell'integrità, come possono operare in un mondo dove ci sono tanti potenti corrotti e tanti spregiudicati? Non verranno sempre sconfitti? Non è detto. Perché chi ha scelto la rettitudine e ha rinunciato a imbrogliare è portato a sviluppare altre capacità. Un po' come il cieco che, non vedendo, acquista una straordinaria capacità uditiva, tattile e cenestesica. L'onesto sviluppa molto di più l'intelligenza, la creatività, l'efficienza. Inventa, organizza, costruisce, ispira fiducia, ottiene credito. Quando devi fidarti veramente di qualcuno, vedere le cose fatte bene, sei costretto a rivolgerti a lui. Nessuno, nemmeno il politico più spregiudicato, può farne completamente a meno. Questa è la sua for-

za e per questo, alla fine, si afferma e rende vivibile la nostra società».

> *«Ispirare fiducia è un traguardo più rilevante che essere amati.»*
>
> George MacDonald

Passando dai valori assoluti all'applicazione pratica quotidiana, una Principessa tratta i colleghi con la stessa cortesia e considerazione che si aspetta per se stessa. Come abbiamo già sottolineato, rispetta il tempo degli altri cercando di essere puntuale e avvisando tempestivamente in caso di ritardo, anziché scusarsi dopo il suo arrivo. Non è una fan delle parolacce e riesce a trattenersi anche quando vorrebbe tanto avere in mano un bazooka, perché il linguaggio scurrile non è né professionale né produttivo, per quanto possa apparire giustificato dallo stato d'animo contingente. Se la discussione sta per divampare, lei interpreta il ruolo dell'estintore: si impone di non alzare la voce (urlare fa passare chiunque automaticamente dalla parte del torto), resta nel merito ed evita di far degenerare il contrasto ricorrendo ad attacchi personali.

> *«Ci sono solo due possibilità quando si parla di emozioni: controllarle o esserne dominati.»*
>
> John C. Maxwell

La (buona) norma prevede che un ufficio sano non sia il set di *Fight Club* e neppure una fucina di incombenze o il tempio della produttività «a cottimo». Come la classica mela al giorno, la battuta che fa scaturire una risata di gruppo ha effetti prodigiosi sul benessere generale, e una Principessa dà volentieri il suo contributo, stando comunque sempre attenta a non urtare la sensibilità di qualcuno dei presenti. Sa che il posto di lavoro non deve diventare la sua seconda casa e che i colleghi non sono la famiglia d'elezione né una compagnia di amici, benché trascorra con loro gran parte del tempo. Il desiderio di essere benvoluta o la passione che nutre per la sua professione non le impediscono, in ogni caso, di mantenere un salutare distacco e di non confondere i piani.

Abbiamo già avuto modo di sottolineare che quello del gossip non è uno sport raffinato; ma quando viene praticato in ufficio diventa addirittura pericoloso! I commenti reiterati sui colleghi, infatti, rischiano di farci apparire alla lunga come delle persone pettegole, delle quali è meglio non fidarsi. Senza dimenticare che chi si specializza nel «lancio delle freccette» ha altissime probabilità di trasformarsi prima o poi in bersaglio. Lo stesso vale per la tentazione di diffondere informazioni esplosive e riservate, nel tentativo di apparire importanti e «introdotti» nelle stanze dei bottoni. Il materiale altamente infiammabile si trasforma rapidamente in incendio, con conseguenze spiacevoli per il piromane. Infine, una persona seria e professionale si astiene dal fare proselitismo sul posto di lavoro, anche se è molto impegnata politicamente o dal punto di vista religioso.

«Per quanto tu abbia talento o ce la metta tutta, se non conosci le regole non sfondi.»

John Gray (DA *MARS AND VENUS IN THE WORKPLACE*)

Protezione totale

Tenere in ordine la scrivania è senz'altro in cima alla classifica delle attività più noiose, anche perché la carta accumulata tende a espandersi con la velocità di una pianta infestante. Il caos, d'altro canto, oltre ad alimentare lo stress, rema contro l'immagine che diamo di noi stesse. Un'ottima «strategia contenitiva» consiste nel dedicare gli ultimi dieci minuti di ogni giornata a un mini *decluttering*, finalizzato a liberarsi dell'eccedenza ammonticchiata di fresco. Il *desk* operativo non dovrebbe risultare asettico come una stanza d'ospedale, ma neppure trasformarsi in una mostra fotografica personale (sì, anche se il nostro fidanzato in costume batte Matthew McConaughey!).

Coerentemente, meglio trattenersi dal divulgare troppi particolari sulla propria vita privata allo scopo di risultare più simpatiche (tattica che si rivela puntualmente un boomerang) e non far mai tracimare eventuali problemi di cuore in ambito professionale, con relativi sbalzi di umore. Come le previsioni meteorologiche in certi paradisi turistici, dovremmo essere programmate idealmente sul «bello stabile», per evitare di essere bollate come caratteriali da chi si sente minacciato dalla nostra bravura e non vede l'ora di screditarci. Trattasi di un piccolo sforzo per proteggere dal fango i risultati faticosamente ottenuti...

«Non è sufficiente fare del nostro meglio; talvolta dobbiamo fare ciò che è necessario.»

Winston Churchill

La negatività (che per alcuni ha una funzione quasi scaramantica) è sempre controproducente: pessimismo, supponenza, cinismo e scarsa collaborazione rendono difficile lo svolgimento di un compito e trasformano in un miraggio gli avanzamenti di grado. Se si è all'inizio della carriera, il consiglio è di gestire le mansioni che ci vengono affidate (spesso frustranti) con il sorriso sulle labbra, come se stessimo accumulando l'equivalente dei punti Millemiglia, destinati nel caso specifico a procurarci un bel biglietto per la fuga dai lavori forzati o verso una promozione.

«Non è stato mai inventato niente senza l'entusiasmo.»

Ralph Waldo Emerson

Rapporti di buon vicinato

Con grande spirito di sacrificio, una Principessa alle prime armi non mette il broncio ogni volta che un'idea brillante le viene scippata dai superiori senza citare la fonte (pratica purtroppo molto diffusa). La prende con filosofia, conscia di essere per la sua boss l'equivalente del botox: il motivo (omesso) di un palese ringiovanimento, che in realtà è più noto del segreto di Pulcinella. Allo stesso modo evita di sbuffare, appisolarsi o smessaggiare di nascosto durante le riunioni-fiume e di alzare gli occhi al cielo in segno di disapprovazione durante gli interventi più stravaganti.

Per quanto spesso allergica a qualsiasi forma di tecnologia, sa come far funzionare computer, telefono, fax e qualsiasi altro congegno fondamentale per lo svolgimento del suo lavoro. Come già puntualizzato un paio di capitoli fa, si ricorda di inserire qualche foglio nel cassetto della fotocopiatrice dopo averla adoperata, per non lasciare a secco chi ne farà uso dopo di lei. Inoltre, non è assolutamente suo costume girare i tacchi lasciando la carta inceppata o l'apparecchiatura in panne, con le spie luminose impazzite, senza preoccuparsi di chiamare un addetto alla manutenzione. A ogni buon conto, mostrerà la sua gratitudine ai tecnici dell'azienda con una bottiglia di spumante in occasione delle feste di Natale. Il che contribuirà ad assicurare un pronto intervento immediato – perfino con Saturno contro – quando il PC deciderà di andare in tilt nel momento più inopportuno.

Sul fronte dell'organizzazione, il suo massimo orgoglio è di aver imparato a gestire le priorità: sa che rimandare le scadenze più pressanti rappresenta una «tecnica di difesa» estremamente dannosa sia sul piano pratico sia per le ripercussioni sullo stress. Il suo trucco è di non raggiungere mai il limite quando è sotto pressione. Se, a causa di un attacco di nervi, le lacrime minacciano di sgorgare in modo torrenziale, si rifugia in bagno (solo in caso di emergenza: le toilette aziendali, infatti, pullulano di orecchie indiscrete) oppure cerca di raggiungere la piazzola dove ha parcheggiato la macchina per sfogarsi liberamente e poi ricomporsi. In nessun caso si ripresenta al suo posto con rivoli di mascara e ombretto sul viso stile *Rocky Horror Picture Show*.

Una prerogativa tipicamente femminile – riconosciuta perfino dai colleghi più misogini – è la capacità di essere *multitasking*, ossia di riuscire a frazionare la concentrazione portando avanti anche tre incarichi contemporaneamente. Qualità che torna estremamente utile nelle giornate in cui, nostro malgrado, ci sentiamo in gara per il titolo di centralinista dell'anno. Per quanto seccanti, infatti, le interruzioni telefoniche non andrebbero mai gestite con tono scocciato. Questo è il momento di mettere a frutto la retta versata per il corso di yoga, attivare il nostro lato zen e manifestare una grande gioia, a cominciare dal «Pronto!», salvo poi spiegare educatamente che in quel momento si è molto indaffarate/in riunione e promettere di richiamare in seguito. Ovviamente è fondamentale rispettare la promessa.

«La disciplina è il fuoco che forgia il talento, trasformandolo in abilità.»

Roy L. Smith

Passando alla dimensione più *social*, «rispettabilità» deve essere il nostro mantra durante le feste o le cene aziendali. Pur rientrando nella categoria «party», infatti, si tratta pur sempre di situazioni legate all'ambito professionale. Il che significa astenersi da abiti sottovuoto, scollature abissali, mini estreme, balli da cubista, alcolici in quantità... Tutto potenzialmente divertente in corso d'opera, ma destinato a diventare l'argomento più gettonato alla macchinetta del caffè il lunedì mattina o, peggio, la manna piovuta dal cielo per il collega particolarmente allupato, che si offre di norma come tassista (e fuori programma erotico) a fine serata.

«Tutti pensano di cambiare il mondo, ma nessuno pensa a cambiarsi i vestiti.»

Lev Tolstoj

Il galateo da scrivania

Una Principessa sta seduta composta, proprio come le hanno insegnato da piccola. Dondolarsi, gesticolare, giocherellare con la penna, battere il tempo di una musichetta immaginaria, scuotere le gambe più di un sismografo e far tintinnare i braccialetti a ogni movimento infastidisce i colleghi. C'è una scena, in quella rivisitazione moderna di Cenerentola che è *Pretty Woman* (1990), in cui Richard Gere/Edward Lewis dice a Julia Roberts/Vivian Ward: «Quando non ti agiti sei bellissima». Chi si toglie le scarpe o appoggia i piedi su scrivanie o cassettiere – vezzo abbastanza diffuso nelle redazioni dei giornali – non si limita a infastidire: dimostra proprio maleducazione.

L'azienda non è il collegio delle Orsoline, ma neanche

il bar dove ci ritroviamo con le amiche per l'happy hour o una sfilata di moda. Ergo, le colleghe si perderanno la visione di quell'abito maculato che ci sta d'incanto con le calze a rete. Anche se il *dress code* vigente è assolutamente informale, t-shirt da concerto, jeans strappati o scoloriti ad arte & scarpe da ginnastica non sono autorizzati neppure nel più casual dei venerdì prefestivi. In generale, tutto quello che è troppo corto, aderente, trasparente, scollato, rumoroso (vedi alla voce ciondoli) non è *businesslike*. Anche le scarpe con il tacco a spillo stridono come il gessetto sulla lavagna in un luogo dove sarebbe richiesta una certa dose di dinamismo e azione. In altre parole, fanno più Sirena che CEO.

> *«Se vuoi risultare professionale, evita i top a canottiera, le scollature troppo profonde, le braccia nude, gli orecchini pendenti e gli stiletti.»*
>
> Nora Ephron

Quanto alla «manutenzione personale», forse vale la pena di ripassare qualche regola nota, adattata alla vita in ufficio. Il makeup deve essere funzionale: serve a regalare un aspetto curato e luminoso, a nascondere i brufoletti preciclo, a dissolvere borse & occhiaie causate dagli straordinari. Insomma, la sua *mission possible* è di risultare impercettibile. Se sei una fan di colori e pennelli, lascia le labbra naturali (un rossetto da femme fatale nella fattispecie è inopportuno e ingestibile) e punta sugli occhi, evitando però l'effetto Moira degli Elefanti. Il che prevede moderazione nell'uso degli ombretti scuri, eyeliner o matita. Per non trasformare le ciglia in zampe di ragno, strofina bene lo spazzolino del mascara nel bordo interno dell'astuccio, prima di procedere all'applicazione. I ritocchi a metà giornata o prima di uscire definitivamente vanno effettuati alla larga da occhi indiscreti, davanti allo specchio della toilette e non alla scrivania. Per l'argomento «vanità operativa in ufficio», infatti, valgono le stesse regole applicate all'inizio di una relazione affettiva: la radiosità dovrà sembrare piovuta dal cielo.

«Niente rende una donna più bella della convinzione di esserlo.»

Sophia Loren

Faccio ora un rapido balzo verso il settimo *chakra* (quello posizionato sulla sommità del capo), per ricordare che i capelli puliti parlano di te come un letto con le lenzuola fresche di bucato. In una delle prime puntate del serial *Grey's Anatomy*, il dottor Shepherd (il solito Patrick Dempsey) ha un intenso ricordo olfattivo dei suoi incontri fugaci con Meredith (Ellen Pompeo). Tutto merito di un balsamo alla lavanda. Tradotto: se ancora non l'hai fatto, è arrivato il momento di «mettere la testa a posto». Al mattino sei in lotta perenne con l'orologio? Fa' diventare il tuo appuntamento con lo shampoo un piccolo rito serale e gratifica la tua chioma con qualche coccola extra. Mentre tieni in posa l'impacco puoi dedicarti alle unghie:

una limata generosa alla settimana e una passata di smalto trasparente le manterrà *computer-friendly*.

Quando si parla dell'effetto *Grey's Anatomy* si allude però soprattutto al diffusissimo virus delle cotte aziendali. Scena classica: i vostri occhi si incrociano nei corridoi o in mensa, finché lui fa il grande passo di invitarti al distributore del caffè. Poi, incontrandoti più o meno per caso all'uscita, ti accompagna alla macchina, si informa distrattamente sui tuoi piani per il weekend e... scatta l'aperitivo. Visto che tutti i giorni trascorriamo la maggior parte delle ore diurne con le stesse persone, non sorprende che questo sia uno degli episodi più reiterati della vita paralavorativa.

Ma i flirt in ufficio tendono a creare problemi, imbarazzi e invidie – soprattutto se sbilanciati dal punto di vista gerarchico –, ergo andrebbero evitati, a meno che non ci si ritrovi al cospetto della presunta anima gemella. Nel caso specifico, una Principessa mantiene il più stretto riserbo fino a quando la cotta non si è trasformata in una relazione stabile. A quel punto, qualora ci sia anche solo un blandissimo conflitto di interessi, uno dei due dovrà fare in modo di cambiare reparto o, eroicamente, azienda.

Nei panni del boss

Quando ci si comporta in modo appassionatamente professionale non è raro arrivare a ricoprire, quasi senza accorgersene, un ruolo importante. Il codice principesco impone che la leadership appena guadagnata venga gestita con autorevolezza, capacità di mediazione, pazienza e che i rapporti siano mantenuti più che mai a un livello strettamente lavorativo, per non mettere a repentaglio la propria credibilità con dei favoritismi.

Noi donne, è noto, amiamo parlare di emozioni e sentimenti. Le nostre conversazioni sono piene di dettagli personali, aggettivi, parole di contorno. Tutto molto intenso, ma più adatto a una conversazione amichevole che a una comunicazione d'affari, soprattutto nel caso in cui le «quote rosa» ai vertici siano – tanto per cambiare – in netta minoranza. Il mio consiglio è di farti vedere pronta alla nuova sfida, focalizzata sulla sostanza, sui fatti e sulle soluzioni. Ai livelli alti non si tratta di sviscerare i problemi (passione molto femminile), ma di risolverli. Bisogna essere sintetiche, mirate, asciutte. Il che all'inizio richiede un certo sforzo ma, proprio come un investimento azzeccato, porta subito risultati visibili.

«Non cercare l'errore: trova una soluzione!»
Henry Ford

Nei libri di galateo leggo spesso che, nell'ambito di una riunione, una persona perbene dovrebbe ascoltare l'opinione degli altri prima di esprimere la propria, fatto salvo il caso in cui sia lei a fissare o a condurre l'incontro. Questo le permetterebbe, tra l'altro, di avere maggiori elementi a disposizione e farebbe sì che si crei una certa aspettativa rispetto al suo intervento. Personalmente sono più d'accordo con il pensiero dell'ex Segretario di Stato americano Madeleine Albright, la quale ha sempre sostenuto che imparare a intervenire e, all'occorrenza, a interrompere educatamente sia uno degli *skills* più importanti per una donna.

Nei meeting decisivi, infatti, la caratteristica di ascoltare e riunire le informazioni prima di parlare viene spesso interpretata come eccessiva timidezza e mancanza di carisma. Se il *public speaking* non è il tuo forte, ti assicuro che la preparazione preventiva ha lo stesso effetto di una cura a base di vitamine! Informati in anticipo sugli argomenti all'ordine del giorno, procurati dati o materiale di supporto e annota già qualche possibile domanda. Ti sentirai molto più sicura di te stessa e pronta a rompere il ghiaccio.

> *«L'uomo che si è preparato ha già combattuto per metà la sua battaglia.»*
>
> Miguel de Cervantes

Passando all'ordinaria amministrazione, una Principessa arrivata a una posizione di responsabilità sa di dover rispondere personalmente del lavoro dei suoi collaboratori, soprattutto quando le cose non vanno a gonfie vele. Nella fattispecie, il suo compito è quello di fare da cuscinetto tra i suoi superiori e lo staff, correndo il rischio di una lavata di capo (con effetti disastrosi sulla sua acconciatura, *sigh!*) e rifiutandosi di puntare vigliaccamente il dito sul sottoposto che ha causato il guaio. In pratica, lei rappresenta l'eccezione vivente alla consuetudine tristemente diffusa dello scaricabarile...

«In ultima analisi, la qualità che accomuna le persone di successo è il saper farsi carico delle proprie responsabilità.»

Michael Korda

Allo stesso modo, una vera leader non si tira mai indietro quando si tratta di elogiare il lavoro di un collaboratore particolarmente bravo o di ringraziarlo, sia verbalmente sia gratificandolo con l'autorizzazione a segnare qualche ora di straordinario o a prendersi un giorno di recupero. La crescita della squadra le sta particolarmente a cuore, quindi travasa le sue conoscenze senza il timore di essere scavalcata, fa crescere le persone efficienti e motivate e, più in generale, cerca di operare in modo che la prospettiva di una nuova giornata di lavoro venga vissuta da tutti con entusiasmo e non come fonte di supplizio. Infine, non si dimentica di dare un *feedback* regolare ed è sempre disponibile a fornire delle spiegazioni per eventuali questioni, individuali o collettive, che potrebbero sorgere.

«La leadership è la capacità di tradurre una visione in realtà.»

Warren G. Bennis

L'e-mail rappresenterebbe in teoria un ottimo escamotage per condurre a distanza discussioni spinose (soprattutto tra un capo e un suo superiore temibile, irascibile o poco disponibile al dialogo). Uso il condizionale, perché se è vero che la forma scritta annulla il rischio di un diverbio violento – o anche solo la spiacevolezza di un confronto/scontro – amplifica di fatto quasi sempre le possibilità di un fraintendimento. È matematico: per colpa di uno stampatello letto male, di una virgola nel posto sbagliato, di un punto esclamativo di troppo o anche solo di una lettura frettolosa, la formula nero su bianco porta inevitabilmente a un'escalation del disaccordo.

Ultimo dettaglio da tenere presente: una vera lady non fa uso del tasto «CC» (copia per conoscenza) nel tentativo di proteggersi con dei testimoni epistolari. Prendere l'iniziativa di «allargare l'audience», soprattutto senza autorizzazione preventiva del destinatario principale della lettera, non fa che aumentare il suo livello di irritazione. Quanto ai «testimoni», non mi è ancora mai capitato di incontrare degli eroi nelle aziende. Stanno per definizione dalla parte del più alto in grado, a prescindere che abbia ragione o torto. Perciò, coinvolgerli si rivela nella maggioranza dei casi addirittura controproducente.

Secondo una stravagante leggenda metropolitana, raggiungere una posizione di rilievo significa non doversi mai sporcare le mani. Smentisco: il compito di un capo illuminato è quello di dare il buon esempio. Se il boss in questione è di sesso femminile, si starà forse chiedendo che cosa significhi esattamente la formula «pari opportunità» in un'economia dove le poltrone più ambite sono ancora appannaggio maschile... Polemiche a parte, il contributo alla «giusta causa» consisterà nell'aiutare le colleghe che se lo meritano a farsi strada.

L'importante è finire... bene

Una Principessa è consapevole della sua preparazione. Quando si presenta a un colloquio di lavoro trasmette una serie di messaggi molto precisi (autorevolezza, professionalità, serietà, affidabilità...) e sa che, se è entrata nel novero delle candidate, è perché ha tutte le carte in regola per essere assunta. Allo stesso modo, visto che lavora con impegno e ottiene ottimi risultati, non ha paura di sentirsi all'altezza della propria retribuzione. Il problema del novanta per cento di noi donne, al contrario, è che ci sotterreremmo piuttosto che chiedere un aumento di stipendio. Spesso sembriamo addirittura aspettare un permesso o un'autorizzazione esterna per raggiungere i nostri obiettivi.

> *«Non puoi startene seduta ad attendere che qualcuno ti recapiti il tuo sogno. Devi darti una mossa per fare in modo che si realizzi.»*
>
> *Diana Ross*

Nel corso di una carriera, come nella ricerca del proprio stile, può risultare utile avere una *role model*: una figura di riferimento, che magari ha già ottenuto quello a cui ambiremmo attraverso creatività e determinazione. Se si tratta del nostro superiore, sarà per noi una guida, un mentore, mentre l'immedesimazione in un'icona del passato ci imporrà di assorbire i suoi insegnamenti indiretti incorporandoli nella nostra personalissima ricetta di successo.

Una volta stabilito che non ha più nulla da imparare in un determinato contesto lavorativo o non è soddisfatta del trattamento economico che le viene riservato, una Principessa evita di farsi inacidire dalla frustrazione o di ordire complotti contro il presunto colpevole del suo disagio. Al contrario, impiega produttivamente il tempo extra studiando la mossa successiva (leggi: trovandosi un posto migliore!).

«Arriva il momento in cui devi smetterla di aspettare la persona che vorresti diventare per iniziare a essere quella che hai in mente.»

Bruce Springsteen

Una Principessa sa che approntare un'uscita soft va innanzitutto a suo vantaggio, ma anche a favore dell'azienda, che potrà sostituirla con una candidata piena dell'entusiasmo che lei stessa aveva quando è stata assunta. Quindi cercherà di rassegnare le dimissioni nel modo più indolore possibile, sia per lei sia per il suo datore di lavoro.

Nella lettera di congedo non si dimenticherà di ringraziarlo per l'esperienza maturata e si dichiarerà disponibile a effettuare un regolare passaggio di consegne, qualora le venga richiesto. Prima di allontanarsi si preoccuperà di lasciare la sua postazione perfettamente vuota e in ordine. Andarsene con grazia è fondamentale: come nelle relazioni amorose, infatti, la classe di una persona si riconosce non tanto dall'ingresso trionfale quanto dallo stile con cui esce di scena.

A proposito di vita sentimentale, va ricordato che molte di noi credono di dover fare una scelta tra la prospettiva di una carriera luminosa e una sfera affettiva appagante. Nei paesi anglosassoni il *New York Times* e il *Financial Times* usano la definizione «Miranda Complex» (dal personaggio di Miranda Hobbes in *Sex and the City*, interpretato da Cynthia Nixon) a indicare il disagio espresso dalle donne che hanno così tanto successo e denaro da sentirsi complessate rispetto ai fidanzati *low budget*.

Nella speranza di salvarsi dalla carestia internazionale di maschi eterosessuali liberi e appetibili, le portatrici sane di Miranda Complex – dopo aver sudato sette elegantissime camicie bianche per sfondare il soffitto di vetro – si costringono, infatti, a fare pubblica abiura dello status faticosamente guadagnato. In pratica, a ogni appuntamento galante si sottopongono a una meticolosa (s)vestizione, volta a eliminare tutti gli indizi di benessere: gioielli (naturalmente autoregalati), etichette griffate, accessori preziosi... Questo per impedire che il partner, stabile o potenziale, possa essere ghermito dall'insicurezza e dalla paura di essere abbandonato «per un portafogli più fornito».

Un timore assolutamente infondato, perché una vera Principessa sa che amare – come insegna il film *Love Story* – significa non dover mai dire «Mi dispiace», soprattutto per quello che si è meritatamente raggiunto!

Le regole della ricchezza

Noi donne abbiamo spesso il timore di chiedere quello che ci spetta. Una Principessa, al contrario, lo pretende, perché applica i seguenti segreti del successo:

1. Impietoso ma vero: ognuna di noi guadagna quello che è convinta di meritarsi e ottiene ciò che, in tutta sincerità, pensa di valere.
2. Per realizzare il proprio sogno bisogna avere un progetto ed essere disposte a fare qualche sacrificio (senza scendere a compromessi nell'ambito «etica e valori personali»).
3. Obiettivi e motivazioni devono essere identificati in modo chiaro; si arriva al successo solo incanalando l'energia ed evitando sprechi o dispersioni.
4. Un programma funzionale prevede l'articolazione in vari step progressivi, un eventuale «piano b» e la determinazione a non gettare la spugna alla prima difficoltà.
5. Non si può neppure ipotizzare di raggiungere un risultato economico senza acquisire le informazioni necessarie per gestire i propri investimenti o essere guidate da un buon consulente.
6. La riuscita non è semplicemente l'effetto di uno sforzo, ma la somma di molti. Il segreto delle persone che ottengono quello che vogliono, più che nel talento, risiede spesso nella perseveranza.

7. La ricchezza è determinata dai guadagni, dal tenore di vita e dalla «percezione» che se ne ha. Controllare le spese significa ottimizzare le entrate, decidendo di reinvestirne, per esempio, sistematicamente il dieci per cento e devolverne una parte in beneficenza (la generosità attira e illumina la prosperità, aumentandone la consapevolezza).
8. Onestà e integrità sono fondamentali. Usare come fondamenta del proprio progetto inganni o sotterfugi significa costruire un castello di sabbia. Bisogna poter essere sempre orgogliose delle proprie azioni.
9. Collaboratori e sostenitori sono alleati preziosi nell'attuazione di un progetto. Il team va coinvolto, motivato, rispettato.
10. Il carburante della realizzazione è un'incrollabile fiducia nella vittoria, anche nei momenti più «sfidanti». Il che significa affidarsi al proprio intuito, essere audaci, sostenersi, non mollare... fino a diventare le più grandi alleate di se stesse!

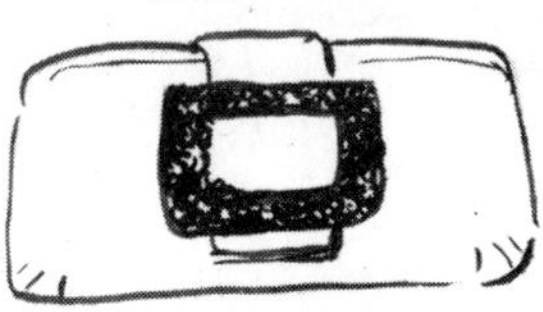

Prêt-à-party

Una Principessa adora aprire la sua casa agli amici. In genere preferisce le atmosfere intime e raccolte, che le permettono di concentrarsi sui dettagli, rispetto agli aperitivi oceanici effetto rave party (a meno che non risultino *glamorous* come quelli di Audrey Hepburn/Holly Golightly nel film *Colazione da Tiffany*).

Purtroppo la fretta – triste leitmotiv del terzo millennio – ha finito per penalizzare la fase strategica dell'invito, sbrigata ormai telefonicamente oppure via posta elettronica. Il che, va detto, nella costruzione dell'aspettativa rispetto a un evento equivale al sesso-lampo senza preliminari (personalmente non sono una grande fan di questa tipologia...). Ma se all'agenda non si comanda, la mia preghiera accorata nell'invio di una mail di gruppo è di salvare almeno un minimo la forma facendo ricorso al tasto «BCC» (Blind Carbon Copy), che rende visibile al destinatario solo il suo nome e non l'intera lista degli invitati. Questo scatenerà in molte amiche il timore di incontrare l'ex fidanzato o una collega odiatissima (preparati a essere bersagliata telefonicamente!), il che però non deve indurti a mollare sul fronte della privacy, almeno per iscritto.

Detto questo, il tradizionale cartoncino con busta in pendant rimane un must principesco. Colorato e divertente per un'occasione informale (come un fantastico «Tiara party») oppure rigoroso, tinta burro e con i caratteri tipografici lisci (quelli a rilievo fanno decisamente matrimonio) per un ricevimento di carattere ufficiale. Non è assolutamente il caso di farsi colpire dal classico «blocco dello scrittore» di fronte al foglio bianco: il bon ton prescrive una prosa rilassata, chiara e funzionale, con semplice indicazione di luogo, data e ora del ricevimento, l'occasione che si festeggia e l'eventuale possibilità di presentarsi accompagnati (le coppie vanno invitate ovviamente in blocco, anche se lei è simpatica come un mastino napoletano).

La sigla RSVP (*Répondez S'il Vous Plaît*) va in basso a destra, prima del recapito telefonico; eventuali prescrizioni a livello di abbigliamento, invece, in basso a sinistra. La dicitura «cravatta nera» (*black tie*) presuppone lo smoking per lui e un vestito molto elegante – non necessariamente lungo – per lei, mentre la più *easy* «tenuta da sera» libera il cavaliere dall'obbligo del papillon e autorizza l'uso dell'abito scuro.

Qualora il cocktail o la cena siano abbastanza casual basterà avvisare con una o due settimane di anticipo, che diventeranno tre per l'avvenimento ultraesclusivo e addirittura sei a ridosso delle vacanze estive o delle feste natalizie, qualora si prevedano un catering massiccio e agende piene di impegni. In generale, meglio non scegliere i giorni in prossimità di un ponte, il weekend o la data di una partita importante (a meno che non rappresenti il tema della serata). Quanto agli orari, quello di un pranzo è intorno alle 13, l'apertivo semplice parte dalle 19.30 e quello a buffet dalle 20. Per la cena l'orario tradizionale è alle 20.30, massimo 21.

Happy hour, «chez toi»

La confessione preventiva è doverosa: *Il cucchiaio d'argento* non è mai stato il libro di riferimento di una Principessa e il verbo «spadellare» non viene proprio contemplato nel suo dizionario. Ecco perché il compromesso di un bell'aperitivo casalingo – rafforzato dal *finger food* amorevolmente fornito dalla rosticceria sotto casa – ***rappresenta un'ottima soluzione «no stress» per radunare in modo rilassato amici di vecchia data, new entry e selezionatissimi colleghi di lavoro***, nonché valutare sul campo – con discrezione – l'ultimo «soggetto del desiderio». Perfino l'attrice Reese Witherspoon era ricorsa a questa tattica in occasione di un suo leggendario *birthday party*, in cui aveva accolto l'allora sconosciuto (ormai ex marito) Ryan Philippe con il geniale: «Tu devi essere il mio regalo di compleanno!»

Nella malaugurata ipotesi che il tuo potenziale Mr. Right non abbia affatto l'allure dell'attore hollywoodiano (il rischio è che si riveli, in realtà, più noioso di un pesce nell'acquario) e trascorra la serata a flirtare con i superalcolici del mobile bar – o, peggio, con il cameriere –, consolati pensando che grazie a questo informale check preventivo ti sarai risparmiata un'improduttiva uscita a due e, soprattutto, la lancinante ceretta all'inguine della seduttrice ottimista, già proiettata sul dopocena...

Ma facciamo un rapido rewind per considerare gli aspetti organizzativi della serata. ***Una Principessa riceve gli ospiti aspettandoli con un sorriso sulla soglia;*** sicuramente non li esorta a entrare con un perentorio «Avanti!» dalla cucina – dove è affaccendata in chissà che cosa – appena sente aprirsi le porte dell'ascensore e il rumore di passi titubanti sul pianerottolo. E aiuta prontamente gli invitati ad alleggerirsi di soprabiti, borse ed eventuali ombrelli zuppi; ne consegue la necessità di una zona guardaroba. L'ideale sarebbe possedere un armadio *ad hoc*; in caso contrario, i cappotti possono essere appoggiati sul letto o (meglio ancora) appesi su uno stand in acciaio con le ruote, sistemato in un angolo dove non dia troppo nell'occhio.

La consegna di eventuali regali viene accolta dalla padrona di casa con un affettuoso ringraziamento ma senza gridolini di gioia e coinvolgimento di tutti i presenti, per non mettere in imbarazzo chi si presenta senza cadeau. Avere a portata di mano due o tre vasi di diverse misure le risparmierà una caccia al tesoro estemporanea e permetterà di sistemare subito i fiori donati in buona fede da chi è digiuno di galateo (andrebbero mandati qualche ora prima se si desidera celebrare il fatto che ci si reca in quella casa per la prima volta o – regola aurea – il giorno dopo, con un bigliettino di ringraziamento). Pasticcini, cioccolatini e altri squisiti alleati della cellulite verranno disposti su un vassoio e offerti al momento del caffè. La classica bottiglia andrebbe aperta la sera stessa, a meno che non entri in rotta di collisione con la sequenza di vini già preparata o sia lo stesso ospite a suggerire di tenerla per un'occasione speciale.

Se la Principessa è dotata di Principe consorte, lo incaricherà di introdurre gli invitati, rispettando le regole del bon ton: gli uomini vengono presentati alle donne; le signore ai personaggi di riguardo e agli ospiti d'onore; le persone giovani alle più anziane; gli amici intimi alle nuove conoscenze. ***Sono assolutamente vietate le presentazioni da carrierista workaholic, basate sulle qualifiche professionali, soprattutto quando il mix è molto eterogeneo a livello di dichiarazione dei redditi.***

Una certa varietà nel gruppo, tra l'altro, si rivelerà stimolante dal punto di vista della conversazione e scongiurerà il rischio che si passi la serata a parlare di lavoro, per dare spazio ad argomenti più ameni, come l'ultimo film visto o libro letto, il concerto imperdibile o, semplicemente, una nuova meta per la classica fuga da weekend. Ovviamente questa non è la sede ideale per una lunga conversazione con un amico di vecchia data, né per infrattarsi con la nuova fiamma oppure per propinare visioni ammorbanti di filmini delle vacanze o reportage con la macchina digitale, a meno che gli invitati non coincidano con i partecipanti del viaggio e siano lì apposta.

L'eventuale fidanzato continuerà a esprimere tutta la sua utilità occupandosi degli aperitivi, sempre che gli ospiti non siano più di venti: nel qual caso consiglio di assoldare un barman e di godervi la serata. Una zona drink ultrafornita e assortita comprenderà vini bianchi e neri, champagne (liscio o utilizzato come base per Bellini, Mimosa, Rossini), una bevanda leggermente alcolica alla frutta, brocche di spremuta d'arancia, pompelmo rosa e ananas per gli astemi, acqua a fiumi (naturale e frizzante), oltre a qualche grande classico tra i cocktail. ***Tra questi segnalo evergreen come Manhattan e Martini (da servire liscio, con l'oliva verde infilzata nello stuzzicadenti); Margarita e Caipirinha per gli estimatori del gusto secco; Mojito e Daiquiri dal sapore più dolce.***

Anche se tutti saranno ovviamente liberi di muoversi e socializzare, meglio prevedere posti a sedere per almeno i due terzi dei partecipanti. Il tavolo del buffet, preferibilmente separato, offrirà vol-au-vent e tartine varie, personalizzati con qualche stuzzichino tiepido servito al momento, a cui si aggiungerà l'apparizione di un piatto caldo centrale a metà serata. Qualche piccola dritta da sommelier: i vini bianchi si sposano perfettamente con il finger food a base di pesce o formaggi; quelli rossi preferiscono accompagnarsi a cibo più sostanzioso, come carpacci e torte salate, mentre moscato e passito entrano in scena solo con i dolci.

In una situazione così decontratta non mi farei venire un'emicrania sulla scelta dei bicchieri. Meglio puntare su calici a tulipano per tutti i vini, tumbler (lunghi e stretti) da long drink e su una forma più corta per l'acqua. L'importante è che siano scintillanti, senza aloni e in quantità sufficiente (almeno due per ospite). Per evitare la ressa da mensa aziendale, conviene allestire le due estremità del tavolo prevedendo due pile di piatti, un buon numero di tovaglioli e tutte le posate necessarie. Un piano d'appoggio più defilato potrebbe essere utile per il dessert.

Chi ben comincia...

Se l'aperitivo non costituisce il tema della serata e si limita a introdurre la cena, consisterà solo di champagne, servito freddo nella sua flûte in cristallo liscio e stappato al momento, evitando il botto di Capodanno e i geyser di schiuma tipo Gran Premio. Per scongiurare la sbronza collettiva in tempo reale, prevedi un assortimento di viveri in formato mignon. Andranno splendidamente i canapè a base di formaggio morbido, pasta di olive, salmone affumicato, pâté, burro e caviale. ***Sì alle intramontabili noccioline, ai quadrotti di parmigiano fresco e alle crudité, che faranno la gioia di chi vive perennemente a dieta.***

L'importante è che le porzioni siano piccole e non unte o appiccicose. Uno spiegamento massiccio di tovaglioli da tè tamponerà letteralmente il rischio di strette di mano lubrificate e tracce oleose sul tuo divano. Il consiglio spassionato è di servire personalmente almeno i primi due giri di stuzzichini, anziché lasciare il vassoio abbandonato tristemente su un tavolino.

Questo è un momento strategico per scaldare l'atmosfera e far sì che le persone socializzino e inizino a conoscersi, soprattutto se ci sono parecchie new entry. ***L'etichetta stabilisce di predisporre uno spazio diverso rispetto a quello in cui avverrà la cena, come il salotto o il terrazzo, e di non tirarla troppo per le lunghe.*** Mezz'ora è il tempo ideale per permettere anche all'ultimo ritardatario di arrivare trafelato a destinazione e far sì che gli ospiti non raggiungano il tavolo già stanchi e con un tasso alcolico oltre il livello di guardia. Se quella che segue è una cena formale, la padrona di casa si dileguerà dall'area cocktail un minuto prima degli altri per accendere le candele e controllare che tutto sia in ordine, prima di invitarli ad accomodarsi a tavola.

Scatta l'invito a cena

Una Principessa si rifiuta di andare in ansia di fronte a un vero e proprio *dinner*. Il suo motto è «prevenire è meglio che sclerare», quindi stabilisce per tempo il menu evitando le sperimentazioni e puntando sui suoi inossidabili cavalli di battaglia, prediligendo quelli che possono essere cucinati in anticipo e scaldati o «rifiniti» all'ultimo, per non dover passare la serata tra i fornelli (il che non è affatto principesco e finirebbe solo con l'imbarazzare gli ospiti).

Prima dell'ora X avrà quindi tutto il tempo per preparare la tavola, rinvigorirsi con una doccia, truccarsi e agghindarsi, in modo da essere pronta quindici minuti prima dell'arrivo degli ospiti più puntuali. Un'occasione formale richiederà lo sfoggio del tubino preferito, illuminato da un paio di orecchini a *chandelier* e reso più seducente dagli stiletti d'ordinanza. Se l'atmosfera è casual e rilassata, via libera ai jeans slim size ispirazione Kate Moss, preferibilmente scuri, resi più autorevoli da un top elegante o da un dolcevita in cashmere e interpretati con sandali preziosi. ***Variante più androgina ma molto chic: pantaloni neri a sigaretta, camicia bianca e mocassini tipo* loafer*, lisci o con mascherina sulla tomaia.***

Ovviamente gli odori derivanti dalla cottura dei cibi andranno eliminati tempestivamente aerando bene la casa, che risulterà accuratamente pulita e riordinata per l'occasione e profumata con aromi freschi e leggeri (perfetti rosa o tè verde). La stanza da bagno sarà oggetto di cure particolari: verrà rifornita di saponette nuove (ideali quelle mignon, da ospiti) oppure di un ottimo sapone liquido. La presenza di una crema per le mani sul lavandino farà la gioia delle pelli secche. Gli asciugamani dovranno essere puliti e stirati e il rotolo di carta igienica appena estratto dalla sua confezione. Infine, non andrebbe sottovalutata l'idea di esporre lo smacchiatore «antipatacca» sulla mensola principale.

Anche l'illuminazione non sarà lasciata al caso. Sconsiglio di abolire completamente la luce artificiale (a meno che la ricorrenza non riguardi un tête-à-tête romantico), per evitare l'effetto grotte di Postumia, e di puntare sulla «qualità» garantita dagli abat-jour distribuiti strategicamente sui tavolini. Le candele, preferibilmente color crema oppure in nuance con l'arredamento, saranno raggruppate in grandi piatti, ma senza arrivare al tabernacolo votivo (hai presente il memorabile film di Spike Lee *Lola Darling*?). Quelle a lumino potranno essere posizionate lateralmente sulle scale fino alla porta d'ingresso, per rendere ancora più magica l'atmosfera.

La musica di sottofondo dovrà essere necessariamente* conversation friendly. *Tradotto: il suo compito è di riempire gradevolmente i momenti di silenzio con un volume che non costringa gli ospiti a urlare. Controindicata l'opera lirica, ma anche hip hop, heavy metal, techno e motivetti scala-classifica, soprattutto se non è previsto un momento danzante. Appropriati, invece, i grandi classici del jazz, della classica e le sonorità lounge. Ogni soundtrack andrebbe mantenuto per almeno trenta minuti, senza stacchi bruschi – che fanno saltare il sistema nervoso – o utilizzando il cambio di genere per sottolineare i diversi momenti della serata.

Quanto all'apparecchiamento, le tovagliette all'americana sono accettabili solo per un pranzo tra amici; in ogni caso la tavola non sarà mai imbandita stile *Gattopardo* e ospiterà lo stretto necessario (anche per non instillare nell'ospite il terrore di ribaltare o rompere qualcosa). A questo proposito, è consigliabile assicurare a una superficie in legno la doppia protezione di un telo di plastica e di un mollettone in panno, che svolge diversi compiti: rende meno drammatico il rovesciamento di un bicchiere di vino, assorbe il calore e attutisce il rumore dei piatti.

In generale, tra una bella tovaglia bianca o écru in fiandra di cotone o puro lino e l'omologa colorata non c'è gara a livello di raffinatezza. Eccezioni alla regola: il pranzo di Natale diventa perfetto se «vestito» di rosso fuoco, verde bosco e oro, mentre a Pasqua si impongono le tonalità pastello. Infine, se la tua vena creativa si esprime proprio nell'organizzazione di banchetti per i tuoi amici, potrai divertirti a sintonizzare la stoffa – preferibilmente in tinta unita – con il disegno delle stoviglie, stando molto attenta a evitare l'overdose di decorazioni; oppure potrai sperimentare preziose stratificazioni di tessuto, come velluto o taffettà e voile di seta.

La caduta laterale della tovaglia sarà di trenta centimetri, che poi equivale alla distanza tra il piano del tavolo e quello della sedia, fino a un massimo di cinquanta per un effetto più scenografico. Sceglierla lunga fino a terra è un errore sia dal punto di vista del bon ton sia della funzionalità, perché finirebbe per impigliarsi di continuo tra le ginocchia o sotto i tacchi. La dimensione extralong, in pratica, è ammessa solo in occasione di un buffet, per l'esigenza di occultare gli appoggi spesso di fortuna.

Se ami le decorazioni floreali, sappi che dovrebbero essere abbastanza basse da permettere agli invitati di conversare guardandosi negli occhi una volta seduti, ma neppure troppo appiattite da sparire tra i bicchieri. ***Occhio anche ai profumi stordenti (per esempio di tuberose o giacinti), che entrano in conflitto con quello dei cibi.*** I petali di rosa sparsi sulla tovaglia fanno pensare sinceramente a un boudoir, mentre le foglie autunnali o la sabbia mi sembrano poco indicate a una superficie su cui si mangia. Via libera, invece, alle composizioni di frutta lavata e asciugata, soprattutto se del genere che non richiede l'uso di forchetta e coltello (uva, fragole, albicocche, ciliegie...).

Andiamo giù «piatti»

La semplicità a oltranza si rivela vincente anche nel reparto stoviglie. Il che taglia le gambe alla tentazione di esibire il servizio buono con pigne torreggianti di porcellana. Partiamo subito dall'elemento facoltativo e necessariamente diverso da tutti: un grande sottopiatto – in argento, smalto colorato o perspex trasparente con bordo dorato – da posizionare a tre centimetri dal bordo del tavolo e a settanta rispetto al posto successivo, per risparmiare ai commensali una sfida a duello con i gomiti. In mancanza di spazio – e se l'atmosfera non è ultrafamigliare – la dura legge del galateo impone di invitare meno persone, *sorry!*

In assenza di questo elemento decorativo si parte direttamente dal piatto per il secondo (l'unico vero must imprescindibile, spesso impegnato in un assolo!), a cui si sovrappone quello piccolo da antipasto – qualora sia previsto un *hors-d'œuvre* e non sia già stato porzionato in cucina – oppure la fondina, che a sua volta preferirebbe entrare in scena al momento opportuno su un carrello, in compagnia della zuppiera. Il piatto fondo andrebbe usato, infatti, solo per le minestre al cucchiaio, mentre ***paste e risotti richiedono ormai a gran voce quello piano, imposto dai grandi chef internazionali.***

Da una cena formale ci si aspetta il piattino del pane, sistemato in alto a sinistra rispetto a quello principale. Potrà far parte del servizio o creare uno stacco studiato, a patto che sia nato inequivocabilmente per quello scopo (tradotto: il riciclo dei piattini delle tazze da tè si sgama a un miglio!). Altra opzione: conterrà fin da subito due o tre bocconcini di vario tipo (di farina bianca, integrale, con semini, alle noci...) da integrare man mano; oppure sarà vuoto e con un coltellino a spatola al centro, se si prevede l'utilizzo del burro per la presenza di caviale o salmone affumicato, che richiedono a loro volta il pane tostato. Il cestino in porcellana con tovagliolo in lino fa un po' pubblicità del Mulino Bianco e non è adatto a una cena formale. Con la scusa di non voler affollare troppo la tavola, tienilo parcheggiato sul carrello dei cibi assieme a oliera, formaggiera, saliera e pepiera, che ovviamente non saranno quelle domiciliate di norma accanto ai fornelli, bensì gli esemplari delle grandi occasioni, in pendant con il servizio.

Gli altri piatti previsti aspetteranno in coda il proprio turno: a partire da quello per l'insalata (la forma più indicata è a mezzaluna, ma è ammesso anche il piattino da frutta) e concludendo con quello per il dessert. I set in porcellana candida si abbinano facilmente a eventuali decorazioni a centro tavola e sono raffinatissimi, a patto che non siano scheggiati o macchiati. Ma per una cena decisamente etnica sono molto indicati quelli marocchini in smalto e con il bordo argentato, preferibilmente tutti di colori diversi.

Le posate si allineano a circa un centimetro dal piatto, posizionate leggermente più in alto rispetto alla base, in sequenza dall'esterno verso l'interno (il che significa che le più lontane vengono usate per prime). Si parte da destra con il cucchiaio da minestra, seguito dai coltelli da pesce e da carne, entrambi con la lama rivolta verso il piatto. A sinistra si schierano le forchette, sempre in ordine di utilizzo, partendo da quella piccola da antipasto. Solo la forchettina per le ostriche va a destra, dopo i coltelli. Denominatore comune: ***avranno i rebbi rivolti verso l'alto se si vuole rispettare la tradizione inglese e italiana; verso il basso in ossequio a quella francese,*** che incide i monogrammi sulla parte esterna dei manici e desidera renderli visibili. Qualora le posate da pesce siano destinate all'antipasto passeranno ovviamente all'esterno.

Quelle piccole da formaggio e da dessert verranno aggiunte a tempo debito (soprattutto se il tavolo è extra-small) oppure si presenteranno già posizionate sopra il piatto, perpendicolari rispetto alle altre. Si parte con il coltellino da frutta, che avrà la lama rivolta verso il basso e il manico a destra. Seguono la forchettina (con l'impugnatura a sinistra), da utilizzare anche per i dolci solidi, ed eventualmente il cucchiaio da dessert cremoso (manico a destra e conca a sinistra).

Il posto del tovagliolo è a sinistra, piegato a rettangolo o a triangolo, oppure sul piatto. ***Vietato introdurlo nel bicchiere a pennacchio o pieghettarlo stile origami, come si vede (e si dovrebbe dimenticare) in certi ristoranti.*** In alto a destra rispetto al piatto vanno collocati i bicchieri. Una cena molto informale si accontenta di quello per l'acqua e della variante più piccola da vino. Un'occasione più solenne richiederà invece un certo dispiegamento di calici, da disporre nel seguente ordine partendo da sinistra: ampio e a stelo lungo per l'acqua, grande e panciuto per il vino rosso invecchiato e a tulipano più sottile per il bianco. Chiudono la parata – leggermente arretrati e posizionati tra gli ultimi due, quasi a formare un triangolo – la flûte da champagne o il bicchiere da vino da dessert (la coppa per il moscato). A quest'ultimo si accorda la prerogativa di differenziarsi dal resto del servizio, per esempio con un bordo o un decoro dorato.

Qualora gli invitati siano numerosi e la Principessa abbia deciso stoicamente di non farsi aiutare da un cameriere, dovrà prevedere una caraffa d'acqua e una bottiglia di vino ogni tre-quattro persone, per risparmiare ai commensali contorsionismi e conseguenti spalle lussate nel tentativo di servirsi da bere. Gli stuzzicadenti sono ovviamente banditi dalla tavola, ma qualora qualche barbaro ne faccia richiesta ne troverà eventualmente una confezione in bagno, sulla mensola del lavabo. Brutte notizie anche per le patite del raccoglibriciole: in realtà non dovrebbe mai fare il suo ingresso finché gli ospiti sono ancora seduti a tavola...

Ogni invitato al suo posto

Il numero dei partecipanti, come già annunciato qualche pagina fa, sarà dettato dalle dimensioni del tavolo e dalle sedie a disposizione. ***Sono spiacente, ma far tenere agli affamati il piatto in grembo o riesumare dal garage gli sgabelli pieghevoli da picnic non è un'opzione percorribile.*** Se i commensali sono meno di cinque è assolutamente corretto lasciare che ognuno scelga la sua sedia; l'importante è assicurarsi che la propria sia quella più esterna e comoda per raggiungere la cucina. Quando i coperti sono più di sei è preferibile far accomodare tutti con indicazioni precise, seguendo possibilmente un criterio conviviale anziché di status e simulando grande sicurezza in caso di improvvisa amnesia. Dodici è il limite numerico massimo che permette a tutti di prendere parte alla stessa conversazione. Tredici e diciassette, ovviamente, vengono evitati come la peste per antiche questioni scaramantiche.

A meno che non ci siano decine di invitati, i segnaposti emanano una certa smania di controllo. Hai un debole irrefrenabile per questo dettaglio? Esprimilo con cartoncini rigorosamente bianchi, posizionati su un supporto in argento o cristallo davanti al piatto e accanto ai bicchieri, e sui quali ogni nome sarà stato scritto a mano e in bella grafia. Basterà quello di battesimo per una cena tra amici, altrimenti il galateo prescrive l'indicazione del cognome preceduto da titolo di studio per gli uomini e da un generico «Signora» per le donne, alla faccia delle battaglie femministe.

In generale, è opportuno avvicinare o sistemare una di fronte all'altra le persone che hanno maggiori affinità, cercando di rispettare un'alternanza maschio/femmina. Da un cavaliere ci si aspetta che sposti galantemente la sedia alla dama alla sua destra per farla accomodare o comunque attenda che tutte si siano sedute prima di prendere posto. Mi rendo conto che di questi tempi è già difficile trovare qualcuno che abbia l'accortezza di aprirci la portiera della macchina ma, rivisitando un grande classico dei proverbi, «Sperar non nuoce»...

La padrona e il padrone di casa siedono, quando il numero degli invitati lo permette, uno di fronte all'altra: alle estremità del tavolo, se si apparecchia «all'inglese», oppure al centro dei lati lunghi qualora la *mise en place* sia «alla francese» e non preveda, quindi, l'utilizzo di quelli corti. ***Il posto d'onore è alla destra della padrona di casa: è qui che va fatto sedere chi viene invitato per la prima volta o un ospite molto importante,*** preferibilmente di sesso maschile per rispettare l'alternanza uomo/donna e prevedendo un gruppo bilanciato al momento in cui vengono pensati gli inviti. Si evita di mettere vicino oppure faccia a faccia marito e moglie (a meno che non siano sposati da meno di un anno), mentre non si dovrebbero mai separare due fidanzati. Meglio non sistemare in posti attigui neppure le persone che si conoscono troppo bene, per evitare che parlino solo tra loro isolandosi dal gruppo o, al contrario, che risultino incompatibili per carattere o idee politiche e minaccino di innescare una zuffa collettiva.

Eventi di grande... portata

Dal punto di vista culinario, vale la pena ribadirlo, questo non è il momento propizio per le sperimentazioni; meglio affidarsi ai propri piatti forti, con gli opportuni adattamenti stagionali (il che significa rinunciare alle lasagne in agosto, anche se sei una campionessa in materia). Per dribblare il «rischio ripetizione» si rivela strategico tenere una rubrica degli invitati ricorrenti, con la data della cena a cui hanno partecipato, il menu proposto ed eventuali intolleranze alimentari. Per la serie «preferisco (soprav)vivere», suggerisco di non convocare simultaneamente l'amico vegetariano e il suo esatto opposto, ossia il fan della dieta Zona; quello di religione ebraica (con il veto assoluto per maiale, lepre e coniglio), l'allergico al glutine e il salutista fruttariano.

L'ideale è puntare, in ogni caso, su manicaretti che possano essere preparati in anticipo e ti permettano di trascorrere la serata con gli ospiti anziché rimanere relegata in cucina stile Cenerentola a riscaldare le pietanze o a improvvisare salse esotiche (il che mette a disagio e instilla un gran senso di colpa in chi rimane seduto a tavola). La regola aurea prescrive almeno tre portate e non più di cinque (compreso il dolce). Prevedi porzioni abbondanti per gli eventuali bis – esclusi minestra, insalata, formaggi e frutta, che non contemplano il refill –, ma niente cene pantagrueliche, stile *Il pranzo di Babette*. ***Se qualcuno si serve una seconda volta il bon ton stabilisce che non si rimpinzi in solitudine e che Principessa o Principe consorte facciano altrettanto.***

Non è necessario emulare le gesta della cuoca inglese Nigella Lawson per preparare qualcosa di prelibato: la semplicità si rivela sempre vincente quando si punta su prodotti di stagione e di qualità. Si raccomanda, in ogni caso, la parsimonia nell'uso di aglio, cipolla, peperoncino e spezie varie, perché nessuno desidera sviluppare in trasferta l'alito di un drago in cattività. Obbligatorio astenersi *in toto*, invece, dagli «innamoramenti» seriali, ossia dalle ripetizioni nell'ambito dello stesso menu. Il che riguarda i tipi di cottura, il colore dei cibi e, ovviamente, gli ingredienti utilizzati. Fanno eccezione le cene a tema, ma in questo caso gli ospiti andranno avvisati al momento dell'invito. ***Proibiti anche i forti contrasti, come un minuscolo tortino ispirazione nouvelle cuisine, seguito da un sostanzioso piatto di pizzoccheri (o equivalente regionale).***

Un menu di rapida preparazione ma di grande impatto – sempre nell'ottica di non trascorrere due giorni ai fornelli – prevede di dare inizio alle «danze» con un flan di verdure o un'insalata di pesce tiepido, seguiti da un secondo a base di carni arrosto o in crosta oppure da un branzino scenografico (al sale o al forno) con contorno di verdure cotte, patate arrosto, salse ed eventualmente, per un tocco esotico, riso basmati o pilaf. Per chiudere, l'immancabile dessert.

A cena – strano ma vero – il galateo sconsiglia la pasta, da sostituire con risotti e minestre di tutti i tipi; il che spalanca le porte a creme e vellutate. Ottimo preservarne la temperatura scaldando anche i piatti e ricordandosi di allertare gli ospiti, per risparmiargli il ricovero immediato al centro grandi ustionati. Parlando di primi, il pâté è considerato un'*entrée* a tutti gli effetti e viene servito per questo motivo da solo, senza contorno. Quello in crosta va presentato tagliato a fette su un piatto da portata; la variante semplice avrà in dotazione una spatola, preventivamente immersa per qualche istante nell'acqua bollente, e non si accompagnerà, contrariamente all'uso imperante, ai toast abbrustoliti (siamo a livelli da guida Michelin, mi rendo conto; ma una Principessa impegnata nel conseguimento del suo master deve sfoggiare una cultura enciclopedica!).

Il pesce va privato delle lische prima di essere offerto, con l'avvertenza di prestare comunque attenzione alle piccole spine nascoste. Il suo ingresso precede o sostituisce quello della carne, che a sua volta dà la precedenza alla variante bianca, come pollo e tacchino, seguita da rossa o selvaggina. Le eventuali salse saranno calde o fredde, in accordo con la temperatura della pietanza di riferimento; si prelevano con l'apposito cucchiaio dalla salsiera, per poi depositarne una piccola quantità sul piatto e intingerci i vari bocconi con l'aiuto della forchetta. Tradotto: l'intingolo non si spalma con il coltello direttamente sul cibo o (peggio ancora) sul pane, col quale ovviamente non ci si potrà esibire in pubblico nell'italianissima «scarpetta». Pollice verso anche per l'antipasto serale (con una gradita eccezione per caviale, crostacei o ostriche). Il singolare è voluto e significa che, in ogni caso, bisogna prevederne al massimo uno, a meno che la formula scelta per la cena non sia quella a buffet.

I sacri testi bocciano dopo il tramonto pure i formaggi, perché digeribili quanto un cubetto di porfido. I trasgressori non saranno puniti, ma dovranno avere perlomeno l'avvertenza di servirli prima del dolce o della frutta (e non a fine pasto). Se, in barba a tutte le regole, i latticini vengono promossi addirittura a piatto forte del menu – in sostituzione del secondo, per questioni caloriche – la presentazione assumerà un ruolo fondamentale. Il che significa che non basterà liberarli dalla pellicola e scaricarli su un piatto, ma bisognerà adagiarli su un ampio tagliere in legno, coperto di foglie fresche di vite o platano (accuratamente lavate e asciugate), prevedendo almeno tre tipologie a livello di consistenza: a pasta molle (crescenza, robiola, gorgonzola, brie, camembert, taleggio), a pasta filata (la famiglia delle provole) e a pasta dura (grana, groviera, fontina, emmental, toma).

Il vassoio potrà essere arricchito di gherigli di noce, grani di pepe nero, grappolini di uva bianca e ospiterà al suo interno la spatola per le varietà cremose, nonché un coltello tagliente per i formaggi duri (quelli a fetta si tagliano nel senso della lunghezza, in modo che a tutti capiti un pezzettino di crosta; per le qualità tonde si procede invece a raggiera, con l'accortezza di privarle preventivamente del primo spicchio, altrimenti nessuno avrà il coraggio di «inaugurarle»). Gli estimatori gradiranno l'abbinamento con il miele più appropriato e per tutti sarà opportuno prevedere un grande assortimento di pane, grissini e cracker.

Dopo un piatto così nutriente si può davvero chiudere con un'insalata freschissima, ridotta in foglie di piccole dimensioni (il divieto di tagliarla in tavola con il coltello risale all'epoca in cui l'aceto del condimento rovinava l'argento delle posate), seguita da frutta di stagione. Quest'ultima si serve dopo il dolce o anche da sola, per evitare sensi di colpa collettivi causa surplus calorico. L'idea di preparare un centrotavola di uva già lavata e asciugata richiederà la distribuzione solo dei piattini e non delle posate.

Un momento di«vino»

Se non hai il DNA del sommelier, affidati a un'enoteca per i consigli del caso o effettua su Google una ricerca sugli abbinamenti ideali. ***La regola generale prescrive di iniziare con i vini più giovani e di procedere con quelli invecchiati, di servire i leggeri prima degli aromatici e di anteporre i dry ai dolci.*** I vini bianchi secchi si sposano perfettamente con l'aperitivo, gli antipasti, il pesce – inteso sia come condimento di un primo piatto sia come secondo – e la loro temperatura ideale è di dieci gradi. I pesci molto saporiti si abbinano bene ai rosati e ai rossi giovani (dai dodici ai sedici gradi, a seconda del livello di corposità).

Il vino rosso novello è indicato per gli antipasti a base di salumi e per le carni bianche. Il rosso secco leggero è perfetto con le paste al ragù e al sugo di carne; quello invecchiato con i brasati e la cacciagione (la temperatura dei rossi corposi, che viaggiano in tandem con le carni rosse, arriva a diciotto-venti gradi). Quanto ai vini da dessert, spaziano dai sei-otto gradi del moscato ai dodici-quattordici dei passiti; lo champagne viene invece bocciato *in toto*, in quanto colpevole di dare un retrogusto aspro ai dolci. Volendo fare le cose *comme il faut*, i vini frizzanti e gli spumanti andrebbero stappati al momento; i bianchi e i rosati mezz'ora prima. Quelli rossi, se corposi e invecchiati, vanno lasciati per almeno due ore in un decanter prima della degustazione, per esaltarne l'aroma.

Il galateo prescrive che ogni cavaliere versi da bere alla signora alla sua destra e che nessun vino venga versato (e men che meno bevuto) prima che sia servito il cibo. Alternativa: sarà il padrone di casa a occuparsi in prima persona della cosa. ***Sono rigorosamente vietati piattini e sottobicchieri; per evitare di profanare la tovaglia immacolata, avvolgi o annoda attorno al collo della bottiglia un tovagliolo bianco*** (avendo cura di non coprire l'etichetta) oppure utilizza l'apposito anello raccogligoccia. La bottiglia si prende per il corpo, si ruota leggermente con un movimento del polso e si inclina senza mai toccare il bordo del bicchiere, che a sua volta non verrà sollevato durante l'operazione e sarà riempito per metà se è da vino bianco o spumante; per un terzo se è da rosso o da dessert.

Il cameriere assoldato per l'occasione verserà il vino alla destra di ogni commensale, partendo dall'invitata di riguardo (seduta alla destra del padrone di casa, che invece viene lasciato per ultimo) e proseguendo con tutte le signore, prima di fare il giro degli uomini. Questo è l'ordine da seguire anche nel caso in cui tu voglia servire personalmente il cibo dal piatto di portata, che poi lascerai al centro del tavolo o su quello d'appoggio.

Se ti senti sotto pressione, potresti decidere di farti aiutare da un'amica di vecchia data (mai da una semplice conoscente), sia in questa fase sia in quella dello sparecchiamento, oppure di affidarti a un carrello, che costituisce un'ottima «stampella»; l'importante è che sia elegante – per esempio in midollino – e disponga almeno di un paio di ripiani. L'alternativa «in autogestione» prescrive di sistemare saldamente due posate all'interno del vassoio e di fermarti alla sinistra di ogni invitato, lasciando che si serva da sé. Decisamente più casual (ma accettata) la variante che lascia gli ospiti liberi di passarsi il vassoio in senso antiorario.

Per quanto riguarda i dolci – ossia il momento clou della serata – i più adatti sono i tipi al cucchiaio (che è più grande di quello da tè) oppure i gelati; ovviamente non le torte secche o le crostate e neppure i pasticcini. La raccomandazione del galateo è di non portare mai a tavola due coppette di seguito, cioè una crema (tipo bavarese o mousse al cioccolato) oppure un gelato (in questo caso: un solo gusto, massimo due, ma di qualità eccellente!) e poi la macedonia. La frutta, che precede eventualmente il dessert, va disposta già lavata e asciugata in un bel vassoio o su un'alzata. Meglio puntare su quella che non richiede l'uso delle posate (uva, fragole, albicocche, ananas già tagliato a fette, mandarini...).

Ovviamente non dovrai cedere alla lusinga dei volontari che si offriranno di aiutarti a caricare la lavastoviglie al termine della serata: la cucina (*sob!*) dovrà rimanere il tuo regno molto privato. Quanto alla tempistica del riassortimento, i piatti vanno sostituiti a ogni portata e tolti solo quando tutti hanno finito di mangiare, con un ritmo abbastanza rilassato (ma senza «prolassi» tra una pietanza e l'altra), prevedendo una pausa più lunga prima del dessert.

Raccomandazione doverosa: limitati a spostare tutto nel lavandino senza toccare spugna e detersivo, anche se la prospettiva della tripla pigna finale, stile ristorante, rischia di provocarti un mezzo attacco d'ansia. Allo stesso modo, affronta senza drammi apparenti la rottura del prezioso bicchiere di cristallo o la macchia di vino rosso sulla tovaglia in fiandra, per non fare la figura della casalinga disperata. Ci penserà il supermercato sotto casa a rifornirti di tutte le ultime pozioni magiche contro le macchie ostinate.

Pur appartenendo alla categoria molto invisa dei Salutisti Anonimi, quando si parla di fumo detesto imporre regole da coprifuoco, con conseguente deportazione degli amici tabagisti sul terrazzo. Non ti lasci commuovere facilmente? Offri perlomeno sciarpe e piumini extra, per non averli tutti sulla coscienza quando ti telefoneranno per comunicarti di essersi beccati una polmonite! Tornando a me, di norma ***autorizzo il rito della sigaretta a fine pasto, a patto che sia davvero una e non l'inizio di una serie infinita.*** Dato che fumare a tavola è tutt'altro che chic, propongo una rapida transumanza sul divano per l'ultimissimo rituale, ossia quello dei vari caffè, digestivo, tisana, brandy, cognac (nel loro calice a pancia tonda, o *balloon*) o whisky (nell'*highball*). Questo è anche il momento ideale per aprire l'eventuale scatola di cioccolatini portata in dono o per far comparire un'alzatina di pasticceria mignon.

Siamo arrivate all'ora (di solito tarda) dei saluti, in cui gli amici iniziano a sciamare verso casa. Fa' un ultimo, piccolo sforzo e sincerati che tutti siano motorizzati o possano disporre di un passaggio, offrendoti di chiamare un taxi per l'appiedato di turno.

Quando non cucini tu

Sei stata invitata a una cena? Passa in rassegna i tuoi programmi e rispondi, con un sì o un no, entro il giorno successivo, in modo da garantire alla padrona di casa la possibilità di organizzarsi. ***L'arrivo di una busta con relativo cartoncino richiederebbe in teoria una risposta scritta, ma è ammessa anche una semplice telefonata.*** In quell'occasione, a meno che non ti sia inimicata mezza città, reprimi l'impulso umanissimo ma poco raffinato di farti sciorinare l'elenco dei partecipanti alla serata.

Se prima di poter dare la tua conferma hai bisogno di una proroga – a causa di un impegno preso in precedenza ma segnato sull'agenda con un punto di domanda – dovrai motivarla, ricordandoti di rispettare il termine stabilito per la risposta definitiva. Non farti viva per nessuna ragione a ridosso della data X: prendersi tutto il tempo necessario per valutare altre opzioni è segno di imbarazzante maleducazione almeno quanto non rispondere affatto. Sei stata costretta a dare buca all'ultimo momento? Il giorno dopo scusati affidandoti al gusto infallibile del tuo fiorista di riferimento.

Ti rammento che la puntualità è di rigore: per non costringere gli altri a un'attesa estenuante ma anche per non rischiare (caso opposto) di sorprendere l'anfitriona ancora con i bigodini in testa. ***Vale sempre la regola — ripetuta già svariate volte — di non presentarsi a mani vuote:*** la bottiglia di vino è indicata per gli amici intimi, mentre nelle situazioni più informali ci si può offrire di provvedere al dolce. In ogni caso, il cadeau andrà consegnato discretamente all'ingresso, per evitare di mandare in crisi chi non ha portato nulla. Piccolo ripasso sui fiori: si fanno recapitare qualche ora prima del proprio arrivo «per onorare la casa», nel caso in cui l'invito rappresenti una prima volta. Oppure, in generale, si mandano il giorno dopo per ringraziare. Insomma, è (quasi) proibito arrivare scortata da un bouquet, che costringerebbe l'ospitante a cimentarsi in una «caccia al vaso» mentre è impegnata a tenere contemporaneamente sotto controllo il soufflé e il citofono.

Nel caso tu sia reduce da una giornata pessima, imponiti qualche minuto di training autogeno prima di fare il tuo ingresso in società, con lo scopo di lasciarti lo stress alle spalle e recuperare il sorriso. Si tratta di un escamotage minimo ma efficace, che ti impedirà di rovesciare sulla tavola imbandita una secchiata di problemi personali. ***Ovviamente ti consiglio di non entrare in rotta di collisione con chi ha idee politiche o religiose diametralmente opposte alle tue e di resistere stoicamente alle provocazioni.*** Manifesta pure la tua opinione, ma in modo leggero, senza attaccamenti morbosi, che rischierebbero a) di rovinare la serata a tutti; b) di precluderti un nuovo invito.

Per non sembrare planata da Giove e dare un contributo piacevole alla conversazione, tieniti costantemente aggiornata attraverso i giornali, i dibattiti televisivi e i programmi di attualità, senza tralasciare un'infarinatura sul serial del momento, i film e le uscite discografiche di cui si parla. Quella dello *small talk* è un'arte a tutti gli effetti, che considera il dialogo sulle condizioni atmosferiche un po' come l'ultima spiaggia.

In sintesi, cerca di elaborare un'opinione personale sugli argomenti principali e sintonizzati sul gossip più goloso, tipo Brad Pitt e Angelina Jolie. Mostrati sempre interessata al parere degli altri facendo domande (mai troppo dirette, però) e senza toni incalzanti da terzo grado. Infine, concentra sulla persona con cui stai parlando tutta la tua attenzione, evitando di andare a zonzo con lo sguardo nel resto della stanza. Se sei incappata in una conversazione noiosissima con una specie di sonnifero umano, inventati un piccolo dramma plausibile, come lo smarrimento della lente a contatto, la classica telefonata urgente o una «carrambata» commovente, tipo l'avvistamento del vecchio compagno di liceo in fondo alla sala. E dileguati con savoir faire.

Qualora ti capitasse di fare una gaffe, chiedi subito scusa rendendo palese il tuo imbarazzo, ma senza continuare a scavarti la fossa mettendoci duemila pezze sopra: meglio cambiare radicalmente argomento! A questo proposito, andare sul sicuro significa schivare temi come malattie, morte, divorzi ed esimersi dal chiedere a due sconosciuti se sono sposati o hanno figli.

Meglio non domandare mai l'età alle persone (a meno che non siano palesemente più giovani di te). Se ti viene chiesto di provare a indovinare, togli qualche anno dalla tua stima orientativa, per evitare di mandare in crisi depressiva l'incosciente che scherza in questo modo con il fuoco. È pure buona norma astenersi dalle polemiche e – ancora una volta – dal pettegolezzo bieco, pronto a pugnalarci alle spalle appena usciamo dalla stanza.

Finalmente è arrivato il momento di fare onore alle pietanze, ***riabilitando quelle regole della buona educazione, spesso ingiustamente dimenticate, apprese da bambine*** e che vietano, tanto per fare qualche esempio, di sedersi sul bordo della sedia, di tenere la schiena curva, di abbassare la testa sul piatto, di inclinare la fondina per l'ultimo cucchiaio di minestra. Ma anche di parlare con la bocca piena, offrire assaggi delle proprie ghiottonerie a destra e a manca o sottoporre a un interrogatorio il vicino di posto quando è in piena fase ruminatoria, costringendolo a ingollare in tutta fretta il boccone.

Ulteriori must del perfetto comportamento a tavola: il cibo si taglia in piccoli pezzi e si mastica lentamente, senza introdurre quantità supplementari sotto i denti se prima non è stata deglutita la porzione precedente e rinunciando a fare simultaneamente dell'altro, tipo condirsi l'insalata o versarsi dell'acqua. Bisogna astenersi dall'accavallare le gambe – ma anche dall'allungarle eccessivamente, rischiando vari «tamponamenti» sotto la tovaglia – e dall'appoggiare i gomiti sul tavolo, a meno che, tra una portata e l'altra, non si provi il desiderio irrefrenabile di appoggiare il mento per qualche secondo sulle mani sollevate e incrociate. ***Il passaggio di un oggetto a un commensale seduto a una moderata distanza verrà effettuato dietro le spalle (mai davanti agli occhi) delle persone che ci separano da lui.***

Il tovagliolo non si apre completamente, bensì si stende come un lungo rettangolo in grembo. È assolutamente proibito infilarlo nella scollatura, anche se il menu sembra il festival dell'intingolo e minaccia di macchiare con schizzi in stile pop art l'abito fresco di lavanderia. Il suo compito è di entrare in (doppia) azione, prima che le labbra vengano avvicinate al bicchiere e dopo aver bevuto. A fine pasto va appoggiato a sinistra del piatto con garbo, senza bisogno di essere ripiegato. Per evitare che si trasformi in una stampa camouflage di tracce vermiglie, suggerisco di dimenticare per una sera il rossetto incendiario ispirazione Dita Von Teese, ma anche quei gloss appiccicosi che finiscono per attirare le briciole come la carta moschicida.

Una Principessa fresca di studi di galateo non augura «Buon appetito!», non guarda in un piatto che non sia il suo, non fa commenti sulla fame altrui, né sull'apporto calorico delle pietanze. Per aggirare l'imbarazzo di lasciare degli avanzi si serve con moderazione, accettando eventualmente la proposta di un bis. Tiene le posate con tre dita utilizzando la parte alta del manico (sottraendosi al vezzo opinabile di sollevare leziosamente il mignolo o di allungare l'indice sulla lama del coltello) e le appoggia sul piatto con le punte rivolte verso il centro – tipo ore otto e venti di un immaginario orologio –, qualora avverta l'esigenza di esprimersi a gesti tra un boccone e l'altro. Sicuramente non le lascia in bilico sul bordo del piatto, come se si trattasse di un paio di remi, e si limita a tenerle impugnate, orientate verso il cibo, durante la masticazione.

Ancora qualche dettaglio: il coltello non deve essere mai portato alle labbra e le posate personali non entrano in gioco per servirsi dal vassoio di portata. Il cucchiaio si avvicina alla bocca di punta se la pietanza è una minestra, di lato se si tratta di un brodo, astenendosi da risucchi e dalla tentazione di soffiare per raffreddarlo. Qualora si incorra in un piccolo incidente di percorso – come una macchia di vino o di sugo sulla tovaglia – ci si limiterà a scusarsi brevemente (gli integralisti del bon ton prescrivono di far finta di niente!), senza tamponare freneticamente la zona incriminata con il tovagliolo. Il pezzetto di pane caduto inavvertitamente per terra non si raccoglie, mentre la posata sì.

In generale, la gestualità deve essere all'insegna di discrezione & naturalezza. ***Non ci si allontana come se colti da peste improvvisa, o voltando le spalle con enfasi teatrale, per soffiarsi banalmente il naso.*** Non si manda la lingua (o peggio, il dito!) in palese esplorazione tra i denti, a intercettare il chicco di riso o il filamento di carne rimasti incastrati come pietre preziose tra i molari. Terminata la pietanza «a rischio» – soprattutto se cosparsa di prezzemolo – si guadagnerà con discrezione la toilette per sincerarsi che la situazione sia sotto controllo o, in caso contrario, intervenire con un miniscovolino da borsetta. Ancora, non si reagisce con urla e strepiti all'insetto o al capello piovuti sul cibo: al contrario, gli ospiti indesiderati verranno condotti silenziosamente verso il bordo del piatto con la posata, facendo appello a tutto il proprio sangue freddo.

Quanto al bicchiere, su quello a calice esistono due scuole di pensiero. ***C'è chi lo sorregge impugnando lo stelo e chi preferisce allargare le dita sul fondo della coppa*** (quando è sprovvisto di sostegno si afferra genericamente dalla parte bassa). Acqua e vino si sorseggiano senza rovesciare la testa all'indietro ed evitando di portarseli al seguito quando ci si alza da tavola. Infine, è segno di maleducazione coprire il bicchiere con la mano o capovolgerlo. Se l'obiettivo è quello di mantenersi lucide e presenti a se stesse, sarà sufficiente un gentile ma fermo «No, grazie!»; oppure basterà lasciare intonso il vino versato per non farne arrivare dell'altro.

A voler essere pignole, bisognerebbe trattenersi dal bere e non toccare neppure un tarallo prima che il cibo sia stato servito. Ottenuto il via libera implicito, grissini e cracker si spezzano con le dita (non con i denti) e così pure i panini, evitando di riordinare le briciole prodotte o di giocare con la mollica. Il ricciolo di burro si preleva con il coltello dedicato e si deposita sul piattino del pane o, in sua assenza, sul bordo del piatto principale. La raccomandazione è di imburrare i crostini un pezzetto alla volta (mai interamente), portandoli alla bocca con la mano.

Nelle occasioni formali la frutta può diventare di «gestione problematica». Le varietà succose o comunque insidiose – tipo mela, pera, fico – vanno infilzate con la forchetta e bloccate sul piatto, in modo da poter essere tagliate a metà e successivamente in quarti, che poi verranno sbucciati con il coltello e tagliati in piccoli pezzi. Pesche e banane, invece, pretendono di essere mondate integralmente prima di essere consumate. L'arancia si arpiona con la forchetta impugnata saldamente nella mano sinistra e si incide sulla buccia in varie parti, da pelare separatamente. Gli spicchi si portano poi alla bocca con le dita oppure si affettano a rondelle sul piatto, per essere mangiati con la forchetta.

Il melone richiede semplicemente che la polpa venga staccata dalla buccia con forchetta e coltello e poi la fetta può essere tagliata a pezzetti e assaporata, come si fa anche con l'ananas. I semi dell'anguria andrebbero tolti con la forchetta, mentre il caco esige di essere tagliato a metà e di essere gustato con il cucchiaino, lasciando il suo involucro esterno sul piatto. L'uva non si pilucca, impone che si stacchi ogni volta un rametto dal grappolo e (ovviamente) che non vengano sputate le bucce! A cena ultimata, le posate andranno allineate l'una accanto all'altra al centro del piatto (il coltello con la lama rivolta all'interno e la forchetta con i rebbi puntati verso l'alto) a ore sei del nostro ipotetico orologio oppure sedici e venti, a seconda delle predilezioni personali.

Durante la serata ricordati di fare dei commenti positivi sull'arredamento della casa e sul cibo (sempre & comunque, a meno che quest'ultimo non sia proprio immangiabile), di non guardare troppo spesso l'orologio (anche se ti annoi a morte), di bere con moderazione per scongiurare la sbronza in diretta e di offrirti come aiutante per portare i piatti in cucina a fine serata.

Cerca di dileguarti a un'ora decente — soprattutto se la cena è infrasettimanale — raccogliendo al volo certi segnali inequivocabili, tipo lo sbadiglio ingovernabile della padrona di casa ed evitando di rimanere l'ultima ospite «in gara». Sarebbe molto cortese, a questo punto, promettere di ricambiare l'invito al più presto (non serve nella stessa misura o con lo stesso dispendio: l'importante è il gesto) e mantenere l'impegno entro un mese. Le amiche single hanno la fortuna di essere dispensate da quest'obbligo!

Se sei finita in una festa affollata stile Rinascente il sabato pomeriggio, non andartene senza aver prima ringraziato il maestro di cerimonie – anche a costo di dover perlustrare ogni angolo pur di trovarlo – e ribadisci il concetto il giorno dopo con una telefonata o una mail, anche nel caso in cui non si sia trattato di un evento memorabile. Infine, saluta gli amici, ritenendoti autorizzata a interromperli nel caso stiano parlando, e coloro che ti vedono andare via. Perché lo stile di una Principessa si riconosce sicuramente dal suo ingresso, ma soprattutto dal modo in cui si congeda per ritirarsi nelle sue stanze...

L'arte del ricevere, in pillole

✓ Il sorriso con cui accogli gli ospiti è il tuo biglietto da visita.

✓ Non risparmiare sulla quantità e sulla qualità del cibo. Rinuncia piuttosto al secondo piatto, che incide molto sul budget.

✓ Champagne, caviale e salmone si offrono solo se ce n'è in abbondanza per tutti, altrimenti meglio astenersi *in toto*.

✓ Cerca di andare incontro alle esigenze alimentari degli invitati, informandoti preventivamente su intolleranze e allergie.

✓ I piatti e la tovaglia bianca rappresentano la quintessenza dello chic, assieme alle posate d'argento e ai tovaglioli di stoffa. Quelli di carta sono ammessi solo su un tavolo a buffet: rigorosamente piccoli e non stampati.

✓ Il vino deve essere tassativamente DOC, meglio se di grado alcolico non troppo elevato, servito alla giusta temperatura nelle bottiglie originali e, ovviamente, studiato in base al menu.

✓ L'illuminazione è strategica. Evita il più possibile la luce diretta e aiutati con abat-jour e candele. Queste ultime si accendono solo un attimo prima che gli ospiti prendano posto.

✓ L'eventuale centrotavola va fatto preparare all'ultimo, per evitare che i fiori perdano tonicità sotto la luce diretta. Deve essere basso, per non ostacolare il dialogo dei commensali, e di una forma coerente con quella del tavolo.

✓ Quanto ai bicchieri, saranno trasparenti sia per l'acqua sia per il vino, in modo da poterne apprezzare il colore. Le forme? A tulipano per il vino bianco, panciuta quando entra in scena il rosso. E ancora, flûte in tandem con lo champagne e lo spumante brut, coppa per la variante dolce e il moscato.

✓ La musica deve fare da sottofondo, senza imporsi per volume o ritmo sulla voce delle persone.

✓ Puntare su un mix eterogeneo a livello di ospiti renderà la conversazione più interessante. L'importante è creare un'atmosfera intima e rilassata, in cui ognuno si senta come a casa propria.

Il meglio di un uomo

In netta controtendenza rispetto a quanto accade solitamente nelle favole, una Principessa del terzo millennio – raggiunta la piena consapevolezza della sua innata regalità – non è disposta ad aspettare che sia il bacio di un Principe azzurro a trasformare la sua vita; preferisce occuparsi della cosa in prima persona. E non si tratta di veterofemminismo o delirio di onnipotenza, bensì di semplice economia domestica!

Mi spiego con una similitudine molto semplice: come la certezza di poter contare su un generatore di corrente ci rende perfettamente autonome dal punto di vista energetico (pure in caso di blackout), avere libero accesso ai rubinetti della nostra felicità, anziché farne dipendere l'erogazione da qualcun altro, significa assicurarcene una fornitura continua anche nei periodi di «singlitudine» più o meno forzata. Quella che si viene a creare è una sana autarchia, che non preclude la possibilità di condividere la nostra gioia e la nostra serenità di fondo con l'Uomo dei Sogni, qualora dovesse delinearsi all'orizzonte.

Quanto alle «selezioni dei candidati» durante l'interregno – ovvero nel periodo che precede l'arrivo di Mr. Right (di norma dopo una serie di Mr. Right Now, ossia partner con contratto a termine!) – potranno essere più o meno impietose e condizionate da un certo numero di variabili non necessariamente nobilissime ma molto umane: umore del momento, grado di maturità raggiunto, livello di estrogeni, tasso alcolico, voglia di un cambiamento radicale, numero di candeline già spente sulla torta di compleanno...

Ammetto che il nostro atteggiamento nei confronti dell'universo maschile durante questa «fase esplorativa» si rivela spesso imprevedibile e incostante: governato a tratti da reazioni istintive o dettato piuttosto da smanie compensative; condizionato a volte da pressioni esterne, rallentato in altre da elucubrazioni infinite... Sollecitazioni molto simili a quelle che, in fondo, ci influenzano quando facciamo shopping. E, proprio come i nostri acquisti, gli uomini possono essere distinti in: Infatuazioni stagionali, Beni di lusso, Basic intramontabili, Esemplari unici e irripetibili. Per essere in grado di valutare con lucidità i nostri futuri investimenti, è indispensabile soffermarci per qualche istante su quello che offre il «mercato»...

«Bacerei un rospo anche senza l'illusione che si trasformi in un Principe. Adoro i rospi!»

Cameron Diaz

I Love Shopping

Se sei una monogama seriale difficilmente cederai alla malia dell'Infatuazione stagionale. Si tratta dell'equivalente, in un'ipotetica equazione-moda, della pochette in vernice color pomodoro, che avrebbe il compito di rendere meno serio e borioso il classico tubino nero. Oppure – variante *décontractée* – della t-shirt con la scritta in strass sul petto, indossata un paio di volte con i tuoi jeans preferiti per il falò in spiaggia, ma che neanche il sesso più stratosferico di questo mondo riuscirà a trasformare in un abito da sposa di Vera Wang...

Il ragazzo *one shot*, allo stesso modo, è sfizioso, divertente, energizzante, rappresenta la compagnia perfetta a un party ma, tornando alla nostra metafora fashion, non rientra in quello che potrebbe essere definito il tuo stile, e quindi non potrà mai candidarsi a diventare l'*item* più amato del guardaroba.

Spesso si distingue da chi l'ha preceduto per una caratteristica vagamente «esotica» (fa il barman, ha i capelli rossi, dipinge quadri astratti...) oppure – proprio in virtù del suo ruolo palesemente «breve ma intenso» – viene identificato dalle tue amiche con un nomignolo, tipo Mr. Big (non si riferisce all'altezza: *Sex and the City* insegna...), Baby boom (rigorosamente vietati, in ogni caso, i minori di diciotto anni), Urban cowboy (non si separa dallo stivale texano neanche sotto la doccia), Sinistrorso (orientamento inteso spesso non in senso politico...).

In pratica, gli elementi che si rivelerebbero rovinosi per una relazione degna di questo nome finiscono per aggiungere un enorme fascino all'ispiratore della trasgressione temporanea. Ecco le tipologie di «maschio a tempo determinato» più diffuse: 1) ufficialmente è già fidanzato e la sua fruibilità risulta forzatamente part-time; 2) è sempre in trasferta e si materializza solo in apparizioni fugaci; 3) è appena arrivato da un posto molto esotico, è bello da togliere il fiato ma non ha un euro in tasca e parla l'italiano con i verbi all'infinito; a te fa lo stesso effetto di una sostanza psicotropa molto potente, mentre ai tuoi genitori potrebbe provocare un infarto.

> *«Sono uscita con il ruvido, l'intellettualoide, il romantico, il metrosexual... Non credo di avere un tipo ideale. Gli uomini, in genere, valgono sempre la pena.»*
>
> Jennifer Aniston

Esaurito il capitolo trasgressivo passo alla tipologia Bene di lusso: l'omologo in carne e ossa dell'auto superaccessoriata, della borsa da cinquemila euro, della festa ultraelitaria. Come questi tre esempi, rappresenta infatti uno status symbol ufficialmente riconosciuto. Di mestiere fa lo scrittore (di successo), l'architetto (parliamo del nuovo Frank Lloyd Wright), lo sportivo (membro, come minimo, della nazionale olimpionica), la rockstar (riempi le parentesi con la tua icona di riferimento).

Non vive in una semplice casa ma in un museo d'arte moderna. Per poter parlare con lui devi attraversare spesso sei fusi orari e sopravvivere – sempre – al filtro del suo manager, dell'assistente personale, del bodyguard e del concierge dell'hotel dove sta alloggiando (in quest'ultimo caso, dovrai essere aggiornatissima sul personaggio con cui si è registrato per non essere molestato dai paparazzi: Batman, Dalí, Alfie... copiando Julia Roberts alias Anna Scott, nel film *Notting Hill*).

Come succede per certi «pezzi forti» (vedi la Birkin di Hermès), amanti, spasimanti e ammiratrici dell'Uomo di lusso – te compresa – dovranno essere disposte a mettersi serenamente in lista d'attesa per assicurarsi uno scampolo del suo tempo. Una pazienza ripagata, perché bisogna riconoscere che pronunciare il suo nome produce in genere la stessa profonda goduria che si prova nel fare lo *spelling* della propria griffe del cuore. Coerentemente, la conquista di uno spazio stabile nella sua vita viene suggellata dal permesso di chiamarlo o riferirsi a Lui usando solamente le iniziali, alla stregua dei marchi più prestigiosi (CK, AJ, RL...).

In perfetta sintonia con i templi dello shopping, dove è soprattutto il packaging a fare la differenza (hai presente la scatolina turchese con fiocco candido di Tiffany?), l'*item* di lusso si presenta confezionato in abiti dal taglio sartoriale, ha generalmente in dotazione un loft vista mare, addominali a tartaruga, sorriso stile raggio laser e una collezione di inviti per i backstage più esclusivi. Unico effetto collaterale: non sarà mai completamente tuo e quindi richiede una predisposizione innata per la multiproprietà.

«Può anche capitare che un pesce si innamori di un uccello. Ma alla fine, dove vanno a vivere?»

Drew Barrymore

È arrivato il momento di rilassarci in compagnia del Basic intramontabile. Polivalente e irrinunciabile nella sua rassicurante semplicità, può essere paragonato al dolcevita nero che hai acquistato in triplice copia da Zara e che, nobilitato dall'abbinamento con la tua borsa feticcio e con il cappotto in cashmere beige, viene regolarmente scambiato per un autentico Ralph Lauren (il che si traduce in un momentaneo sollievo per il tuo portafogli...).

Anche se tu e Mr. Basic vi frequentate da poco, avrai probabilmente l'impressione di conoscerlo da sempre, perché è carino, disponibile, attento e ultraflessibile. Grande tifoso di sport maschili, si trova a suo agio pure in veste di «ospite speciale» al tuo aperitivo *for girls only* o come spettatore di un film strappalacrime, dove il suo ruolo è quello di passarti discretamente i kleenex sui titoli di coda. Quando, poi, ti scorta agli happy hour di lavoro, con la sua ironia riesce a conquistare perfino il più urticante dei tuoi colleghi. Insomma, si rivela perfetto in ogni occasione, soprattutto se dalla vita non ti aspetti grandi colpi di scena. Perché – va detto – il suo unico limite è quello di non riuscire a far decollare l'immaginazione.

Dulcis in fundo, l'Esemplare unico e irripetibile è come la vincita al Superenalotto, la stella cadente che sei riuscita a vedere solo tu, il completino più sexy nella storia della lingerie (acquistato in una boutique di Parigi senza neppure chiedere il prezzo, a dispetto del tuo conto in banca, che in quel periodo stava interpretando il remake di *Profondo rosso*).

Ma dopotutto è superfluo versare fiumi d'inchiostro e dilungarsi in esempi o spiegazioni, perché il vero Principe azzurro non ha bisogno di preamboli; lui si fa riconoscere all'istante e senza possibilità di errore, provocandoti in zona plesso solare un triplo salto carpiato che non avevi mai provato prima (e difficilmente riuscirai a rivivere).

Coincide con l'investimento perfetto perché possiede tutte le caratteristiche vincenti delle tipologie esaminate finora, sfoderate nell'assortimento ideale: è affascinante, sebbene non nel senso stucchevolmente metrosexual del termine; ha classe da vendere, pur muovendosi all'insegna del basso profilo; la sua eleganza innata gli permette di non farsi condizionare troppo dai trend, ma è anche stimolante e incredibilmente magnetico.

L'uomo perfetto è come l'ultimo paio di sandali Gucci – i più preziosi e costosi dell'intera collezione – scontati al cinquanta per cento e rimasti miracolosamente nella tua misura. Il problema è che questi superaffari difficilmente si beccano al primo colpo, quindi bisogna essere pronte a scarpinare per la città e a entrare in un sacco di negozi...

«Ci sono parecchie persone pronte a viaggiare in limousine in tua compagnia. Ma quello di cui hai bisogno è un uomo disposto a prendere l'autobus con te quando la limousine dà forfait.»

Oprah Winfrey

Fa' la mossa giusta

È ufficiale: in materia di corteggiamento perfino una Principessa può permettersi ormai di prendere tranquillamente l'iniziativa, senza aspettare che sia il suo cavaliere a fare il primo passo. L'autorizzazione arriva dal celeberrimo *Etiquette for Girls* di Fleur Britten, edito da Debrett's, colonna portante del galateo al femminile. Ma fatta salva questa inaspettata concessione all'emancipazione, i metodi consigliati nella bibbia anglosassone delle buone maniere sono rigorosamente tradizionali e di provata efficacia.

Per esempio, se l'hai avvistato a una festa e sei sicura di aver intercettato reiteratamente il suo sguardo (appurato che l'oggetto del desiderio non sia affetto da strabismo), anziché conficcare imbarazzata le pupille sul pavimento, ricambia l'occhiata con un sorriso. Nel caso lui sia ultratimido, dovrai trovare il modo di guadagnare letteralmente terreno, entrando nel suo raggio d'azione e selezionando la frase rompighiaccio più adatta alla circostanza.

Ti senti poco ispirata? Una battuta sul party in corso, sulla musica spaccatimpani o un commento positivo sul suo look andranno più che bene. L'obiettivo contingente è risultare naturale, blandamente arguta (troppa intelligenza tutta in un colpo rischia di spaventare!), mai «costruita», petulante o appiccicosa.

> *«Trovo che essere bionda sia fantastico. Quando le aspettative nei tuoi confronti sono bassissime stupire la gente diventa un gioco da ragazzi!»*
>
> *Pamela Anderson*

Ora che hai fatto la prima mossa lascerai a lui l'incombenza del sequel: innanzitutto per fugare l'eventuale sospetto che tu sia troppo disponibile (atteggiamento che può far precipitare all'istante qualsiasi termometro dell'interesse) e poi perché il tuo bersaglio potrebbe essere «immobile» (leggi già blindato sentimentalmente), assorbito da uno tsunami di impegni lavorativi o, in fondo, non così interessato (tipico del deprecabile genere onnivoro, che lancia occhiate stile pesca a strascico a qualunque entità si muova o respiri). A questo proposito, vale la pena di ricordare che una Principessa – per quanto all'avanguardia – si risparmia volentieri inutili umiliazioni e rifiuta di essere confusa nel mucchio.

> *«Credo che la cosa meno sexy che una donna possa fare sia cercare di essere seducente a tutti i costi.»*
>
> *Christian Bale*

In pratica, passare il testimone a lui provocando una «reazione costruttiva» significa fare in modo che, folgorato dalla tua apparizione, provi l'impulso irrefrenabile di chiederti il numero di cellulare o l'indirizzo e-mail e si assuma il compito di contattarti, manifestando così palesemente il suo interesse. Resta inteso che la tua occupazione nei giorni successivi sarà quella di continuare a vivere normalmente, senza controllare la posta elettronica ogni due minuti o fissare morbosamente il telefono cercando di farlo squillare.

Flirtare con stile (le esasperazioni fanno «single disperata») è considerata un'attività principesca, a patto che non coinvolga soggetti «ad alto rischio» come il supermegaboss, fidanzati di amiche e sorelle, il proprio ex o l'amico fraterno del partner attuale, e non avvenga in luoghi inappropriati (chiese, cimiteri, ospedali, tribunali...). Quanto alle modalità, consiglierei preventivamente una laurea in psicologia e un master in *body language*, nel senso che alcuni uomini si accorgono dell'interesse che destano solo quando vengono colpiti ripetutamente con un martello da fabbro; altri si terrorizzano e scappano a gambe levate se vengono sfiorati da una piuma...

La tipologia di più difficile interpretazione rimane comunque la specie «minotauro», che ti sorride e sembra ascoltarti in preda a un sortilegio – rivelando grandi doti di pierre – manifestando contemporaneamente con tutto il resto del corpo la palese urgenza di divincolarsi e scappare. Il mio consiglio, per scongiurare brucianti mortificazioni, è di non esporti troppo in assenza di un «via libera» inequivocabile e di farlo comunque sempre in modo «leggero», coinvolgendo lo sguardo e il meno possibile le mani. In pratica, se le cose stanno procedendo per il verso giusto, limitati a sfiorargli il gomito o il braccio per sottolineare un concetto, ma non incappare per nessun motivo nell'effetto-piovra...

> *«Personalmente, la cosa peggiore che un uomo possa fare è baciarmi al primo appuntamento.»*
>
> Halle Berry

Uscita di sicurezza

È consuetudine che il rendez-vous venga organizzato da chi ha avuto e lanciato l'idea. Il che prevede la proposta di una data, di un orario e la scelta di una location ottimale: non troppo alternativa ma neppure eccessivamente formale, fuori mano, affollata e rumorosa o, al contrario, silenziosa (nei posti dove non si sente volare una mosca l'assenza di argomenti può diventare più assordante e imbarazzante di un urlo). Ovviamente il promotore dell'incontro dovrà uscire di casa con la ferma intenzione di pagare il conto.

A costo di apparire *old style*, nel caso di un primo appuntamento lascerei a lui il compito dell'exploit creativo. Questo implica non solo che sappia dove portarti ma abbia avuto la brillante idea di prenotare, per evitare che la serata si trasformi in un estenuante pellegrinaggio da un locale all'altro alla ricerca di un tavolo libero (conosci qualcosa di più deprimente?). L'atto pseudoemancipato di voler lasciare a te, fin dal primo incontro ravvicinato, la scelta di cosa fare/dove andare potrebbe preannunciare lo spirito d'iniziativa di un tronco spiaggiato, probabilmente anche in posizione orizzontale. Non è matematico, ma altamente verosimile.

Se non hai particolari colpe da espiare – retaggio di reincarnazioni precedenti – lascerei al suo destino l'intellettuale autocostruito a tavolino, del genere che cerca di far colpo trascinandoti a vedere un documentario in svedese con sottotitoli in serbocroato nell'inevitabile cinemino d'essai con le sedie antiscoliosi in legno (come dire: se sofferenza dev'essere, andiamo fino in fondo). Nessuna indulgenza per il suo opposto, ossia l'allupato che dialoga con il tuo décolleté quando il suo sguardo non è impegnato a fare i raggi X a tutto il genere femminile che gli entra nel campo visivo e che dopo dieci minuti di conversazione è già riuscito ad assestarti una mano sul sedere.

«Macho non vuol dire necessariamente mucho.»

Zsa Zsa Gabor

Saluta per sempre pure il tamarro che invita a pranzo te e il suo cellulare (dove tu interpreti il ruolo del terzo incomodo), seguito a ruota dal misogino che ne approfitta per sputare veleno sulla sua ex fidanzata (la prossima, è già scritto, sarai tu...). Diffida pure dell'egocentrico concentrato sul suo ombelico (l'onanistica infatuazione che prova per se stesso ha bisogno unicamente di un paio di occhi adoranti, di cui non ricorda neppure il colore) e del playboy che si atteggia a uomo di mondo, salvo poi proporti di pagare alla romana. Nel caso in cui si senta molto ispirato, salderà la sua quota con i ticket restaurant e non mancherà di farti notare che il salmone al vapore (ordinato da te) sarebbe più costoso del vitello tonnato (scelto da lui), ma ovviamente non è il caso di formalizzarsi...

> *«A volte ho la terribile sensazione di provare un'attrazione chimica per l'equivalente umano dell'aceto.»*
>
> *Jessica Alba*

Mi rendo conto che dal punto di vista faunistico il «maschio eterosessuale» è in rapida estinzione e che gli esemplari migliori sono già stati accaparrati, ma questo non deve indurti in alcun modo ad abbassare la guardia sul fronte della qualità. Il tuo posto è la riserva protetta degli esemplari (rarissimi) che dimostrano una familiarità con i rudimenti del galateo: arrivano puntuali, scendono dall'auto per aprirti la portiera, ti fanno passare per prima, lasciano al cameriere una mancia adeguata (evitando di farti vergognare come una ladra), ti offrono la giacca in caso di freddo siberiano e ti chiedono due volte – per estrema sicurezza – se sei proprio sicura di non volere il dolce, dimostrando di trovarti perfetta così come sei, con tutte le tue sanissime curve.

> *«Un uomo apre la portiera dell'auto a sua moglie in due casi: quando ha una macchina nuova o quando ha una moglie nuova.»*
>
> *Filippo di Edimburgo*

Un ragazzo evoluto sa che il conto spetta tendenzialmente a lui. Innanzitutto per una questione di cavalleria. E poi perché è scontato che quella prima uscita ti è già costata una fortuna in parrucchiere, manicure & pedicure, ceretta, vestito *ad hoc*, lingerie sexy e profumo irresistibile. Quello che ti viene implicitamente richiesto è solo di farti trovare pronta e di presentarti all'appuntamento all'orario concordato, senza superare il classico quarto d'ora accademico (ogni minuto in più verrà letto come segno di boria e maleducazione). Un clamoroso ritardo sarebbe colpevole, tra l'altro, di farti arrivare trafelata & scarmigliata e di costringerti a perlustrare il locale con il bulbo oculare a periscopio, nel tentativo di individuare il tuo cavaliere.

> *«Sono apparsa su un calendario, ma non sono mai riuscita a essere puntuale.»*
>
> Marilyn Monroe

Qualora lo scopo comune sia una semplice «avanscoperta», suggerisco un caffè oppure un aperitivo in un giorno infrasettimanale. Trattasi, infatti, di due grandi classici che non impegnano: se scattano le affinità elettive di goethiana memoria si spalanca la possibilità di un pomeriggio o di un'intera serata assieme; in caso contrario, una scusa-paracadute porrà fine all'agonia dopo la canonica ora e mezza.

Sempre e comunque, la raccomandazione principesca è di rimanere lucida e presente a te stessa. Un tasso alcolico elevato si traduce spesso in sguaiataggine, eccessiva intraprendenza, volgarità, makeup in disfacimento e pericoloso abbassamento del livello di selettività, con il rischio di capitolare di fronte a un umanoide che giudicheresti inguardabile in condizioni normali.

Avventurarsi in una cena con tutti i crismi – sfondando addirittura la barriera della «sfera personale» rappresentata dal weekend – presuppone un ottimismo da Guinness o la sicurezza matematica di trovarsi al cospetto dell'anima gemella. Va considerato, infatti, che l'escamotage di farsi chiamare dopo il risotto dall'amica del cuore per farsi annunciare l'allagamento della casa (e avere la scusa per dileguarsi all'istante) è finito ormai in troppi film per risultare plausibile.

Hai la sensazione che filerà tutto liscio? Rilassati e concentrati sulle ordinazioni. Spiacente, ma eviterei il sushi se hai un rapporto conflittuale con le bacchette (rischi di non sfoderare esattamente la gestualità di una geisha e di macchiargli la camicia con uno spruzzo imbizzarrito di salsa di soia). E, più in generale, meglio tenersi alla larga dal cibo che rischia di incastonarsi tra gli incisivi come uno smeraldo (rucola, spinaci, insalata verde). Tutto ciò che è di colore bianco, al contrario, è un tuo alleato. Avete optato per la soluzione più *easy* in assoluto, ossia una pizza? Tagliala garbatamente con forchetta e coltello, come se si trattasse di un piatto molto raffinato, senza afferrare poi i singoli spicchi con le mani.

Prime impressioni

Un incontro a due costituisce il momento ideale per verificare (senza dare nell'occhio) il *grooming* del «candidato», ossia il suo grado di cura & pulizia. Sentiti pure libera di registrare mentalmente ciò che ti colpisce in positivo, ma imponiti allo stesso tempo di non sorvolare su eventuali dettagli da scoramento. Capelli, pelle, unghie, orecchie e denti, uniti all'elemento olfattivo, rappresentano infatti una preziosa cartina al tornasole, utile per deduzioni più o meno rassicuranti sul livello di «manutenzione personale» nelle aree non esposte alla luce del sole.

Ma ora permettimi di darti qualche suggerimento che ti riguarda direttamente. È stato calcolato, come già detto qualche capitolo fa, che per fare una buona (o una pessima) prima impressione bastano sette secondi. In un pugno di istanti veniamo scrutati e bollati con un giudizio che lascia poco spazio alle sfumature e difficilmente viene modificato. Il motivo è dovuto al fatto che siamo tutti in perenne lotta con l'orologio, costretti a prendere decisioni immediate e senza il tempo di andare troppo in profondità.

Ecco perché il look di un primo appuntamento – ovvero il tempio della prima impressione – dovrebbe essere studiato nei minimi dettagli. Innanzitutto, cerca di essere te stessa nel modo migliore possibile: curata, ma non artefatta o ispirazione lap dancer (il che significa non esagerare con tacchi, orli, scollature, trucco e acconciatura). Ricorda che la tua priorità non è far colpo a tutti i costi su chiunque, bensì cercare di capire se il lui in questione possiede delle qualità rilevanti per te. Infatti, se è attratto dal genere «velina» difficilmente sarà un tipo principesco, quindi perché mai dovrebbe interessarti?

Altra osservazione importante: anche se hai impiegato un pomeriggio ad «apparecchiarti», l'effetto finale dovrà denotare una totale assenza di sforzo, come se stile, fascino e radiosità fossero doti assolutamente innate e non il frutto di una preparazione pari a quella per l'esame di filologia germanica alla facoltà di Lingue straniere.

«Se l'amore è cieco perché siamo tutti fissati con la lingerie?»

Anonimo

Passando alla conversazione, temi come orologio biologico, matrimoni precedenti, sedute psicanalitiche, predilezioni sessuali & Co. avranno modo di essere sviscerati in un eventuale futuro a due, ma andrebbero accantonati in questa sede. Questioni potenzialmente spinose, come un divorzio imminente o la presenza di figli, verranno affrontate invece già alla seconda uscita – o comunque prima che lui sia cotto marcio –, per dargli la possibilità di valutare se ha voglia di trovarsi in questo tipo di situazione quando il suo coinvolgimento è ancora sotto controllo. Non ti va di parlare delle solite cose (lavoro, hobby, amici, famiglia)? Propongo di surfare attraverso ambiti più stimolanti, come cinema, viaggi, letture, mostre, ambiente...

L'importante è non provocare lo scontro aperto con battute sarcastiche e aspri confronti politici. Per non ritrovarti a passeggiare su potenziali terreni minati, in questa prima fase cerca di assecondare le affinità anziché le differenze. E, qualora il dialogo dovesse impaludarsi, potrai giocarti l'asso dell'argomento preferito dagli uomini: se stessi. Non occorre prepararsi un'intervista da premio Pulitzer; quello che conta è avere a portata di mano qualche domanda sensata e sfoderare uno sguardo rapito alla risposta.

Il galateo, infatti, richiede l'abilità (e talvolta lo stoicismo) di guardare una persona negli occhi mentre si sta dialogando, anche quando ci si annoia a morte. Mi raccomando, quindi: pupille ben direzionate, senza divagazioni sul cameriere simil Ashton Kutcher o sull'uscita d'emergenza. Le somme le tirerai alla fine: ha parlato solo di sé senza chiederti neppure che lavoro fai? Non ti ha fatto ridere neanche una volta perché ha il senso dell'umorismo di un lombrico agonizzante? Ha fatto commenti da arpagone sui prezzi del menu o ha tirato fuori i suoi cinque euro su un conto di dieci? Bye-bye, baby...

Se il «colloquio», al contrario, è andato bene, ti starai forse chiedendo quando sia più opportuno cimentarsi nella parte «pratica». Lui sicuramente starà già scalpitando, ma la brutta notizia – che non dovrai comunicargli per nessuna ragione – è che una Principessa dovrebbe tendere a posticipare anziché anticipare l'incontro ravvicinato del terzo tipo (chiamato così poiché segue le due fasi dell'avvistamento e del preliminare «scambio di informazioni»).

Non pensare che si tratti di *pruderie*, quanto piuttosto di strategia, considerato che la tua arma vincente rispetto alle potenziali concorrenti consiste proprio nel talento di far lievitare l'aspettativa maschile come un soufflé giunto al perfetto grado di espansione, senza correre il rischio opposto di bruciarlo (o, peggio, smontarlo).

Volendo rispettare gli standard internazionali, l'eros dovrebbe fare il suo ingresso in scena intorno al terzo appuntamento. Accorciare troppo i tempi significa incorrere nella lettera scarlatta di ragazza leggera; dilatarli allo sfinimento denota una sostanziale mancanza di interesse (anche se ogni caso andrebbe valutato singolarmente).

In questo campo non occorre essere necessariamente espliciti. Il classico «Vuoi entrare a bere qualcosa?» nel momento in cui lui, a cena ultimata, ti deposita davanti alla porta di casa, è letto universalmente come un semaforo verde. Avere una reazione inconsulta rispetto al suo tentativo, a un certo punto, di slacciarti il reggiseno fa molto *Alice nel paese delle meraviglie*. In sintesi, valuta in anticipo le possibili letture delle tue estensioni di invito.

Sei molto determinata, al punto che hai deciso di invitarlo a trascorrere la prima serata da te? L'importante è non esagerare con gli effetti speciali, che trasmettono il messaggio di una palese «premeditazione» e costituiscono un'aggravante, proprio come negli omicidi. Okay le lenzuola pulite, la lingerie ultrasexy, il bagno fresco di Cif e la bottiglia di vino rosso pronta per essere stappata... Ma una colonna sonora da saccarosio puro, un'artiglieria di candele accese e i petali di rosa sparsi sul letto – quando non c'è di mezzo la luna di miele – provocano un'immediata reazione «gambe in spalla» perfino nel partner potenzialmente più devoto e fedele.

«Molti uomini credono che 'monogamo' sia il legno più usato per i tavoli da pranzo.»

Kathy Lette

Tutto in una notte

Ho sempre avuto la sensazione che il sesso occasionale nasconda una parentela con il fast food. Molto allettante prima della consumazione, lascia spesso lo stesso retrogusto vagamente stomachevole durante la fase digestiva. E, proprio come l'abbinata hamburger e patatine fritte, piace in genere ai palati maschili.

Volendo usare un termine tecnico, la definizione *one-night stand* – abbreviata in territorio anglosassone con l'acronimo ONS – finisce per prendere forma nella mente delle persone coinvolte a bollenti spiriti raffreddati (considerato che prima si ha ben altro a cui pensare!). È solo a scopo raggiunto, infatti, che i neuroni rientrano nei ranghi, per rendersi conto che la passione bruciante di qualche attimo prima è stata fine a se stessa e non porterà a un seguito «strutturato». E se anche dovesse verificarsi un eventuale bis, presenterà comunque le stesse caratteristiche mordi-e-fuggi.

«Prima del matrimonio una ragazza deve fare l'amore con un uomo per legarlo a sé. Dopo il matrimonio deve legarlo per riuscire a fare l'amore con lui.»

Marilyn Monroe

Appare evidente che il sesso-espresso non rispecchia il contesto più idoneo all'identificazione del Principe azzurro (anche se potrei citarti diverse eccezioni alla regola...). Inoltre, essendo normalmente associato a un'alta gradazione alcolica, al picco di estrogeni e all'attrazione a calamita, richiede una dose extra di attenzione/protezione, al fine di scongiurare pericoli di varia natura, gravidanze e malattie indesiderate.

La certezza, nel caso specifico, che tu non corra il rischio di ferire sentimenti fragili o di alimentare sogni a occhi aperti ti garantisce la possibilità di tirarti indietro qualora ci sia un ripensamento durante il tragitto verso il suo o il tuo appartamento (come nel calcio: sempre meglio giocare in casa!). Attribuisci la causa del repentino cambio di programma a un'improvvisa stanchezza e molla il colpo con irremovibile amabilità, per non correre il rischio di risvegliare in lui ancestrali reazioni ferine.

«Le donne hanno bisogno di una ragione per fare sesso. Agli uomini solitamente basta un posto.»

Billy Crystal

Nel caso in cui il magnetismo sia ancora alle stelle, procedi indomita. Metti all'opera il tuo CD preferito e accendi una candela, che a breve ti garantirà la luce necessaria per non beccarti un gomito in un occhio durante i primi, concitati approcci; inoltre si prodigherà per far apparire la tua pelle perfettamente dorata, occultando veniali magagne, tipo cellulite e/o smagliature. Nel frattempo continua a chiacchierare e a sorseggiare il vino che presumibilmente avrai versato. Poi, quando ti senti pronta (possibilmente prima che si facciano le quattro del mattino) smetti semplicemente di parlare e guardalo accennando un sorriso. È incredibile come questo innocente trucchetto funzioni sempre!

Il galateo non fornisce regole precise per la fase successiva e ti invita a fare esclusivamente ciò che ti senti, senza forzature... Gli unici obblighi sono quelli nei confronti di eventuali coinquilini o vicini di casa, che di base preferirebbero non essere svegliati in piena notte da incessanti vocalizzi. A rapporto tecnicamente finito, scambiarsi qualche effusione e un paio di informazioni personali, anziché agguantare i propri abiti e rivestirsi a razzo, stempera la possibile percezione usa e getta e contribuisce a far ricordare in modo positivo l'incontro-meteora.

Se giocavi in trasferta, sei crollata sul suo letto e al primo raggio di sole vieni posseduta dalla voglia di levare velocemente le tende (considerato, tra l'altro, che il tuo esercito di prodotti beauty ti aspetta trepidante a casa per restituirti un aspetto dignitoso), lascialo ronfare felice. Ora infilati silenziosamente gli indumenti della sera prima, rastrella tutti gli oggetti personali – soprattutto se non vuoi essere costretta a rivederlo per la classica restituzione dell'orologio dimenticato sul suo comodino – ed esci «stropicciata» ma a testa alta, lasciandogli in ogni caso un biglietto carino sul tavolo della cucina (dettaglio principesco!).

Solo se ti è parso che entrambi abbiate intercettato un sentore di tenerezza & interesse extra-attrazione-chimica, aggiungi sul foglietto il tuo numero di telefono, promettendo solennemente su questa pagina di non alimentare strane speranze o rimanerci male se non dovesse farsi vivo. Molti uomini, infatti, trascorrono il day after in preda al terrore che tu stia già pensando al colore della glassa sulla torta nuziale, solo perché vi siete sfilati reciprocamente gli slip.

Nel caso lui abbia il sonno leggero e si sia svegliato al tuo primo movimento, evita di deambulare per il suo appartamento nuda – sì, anche se ormai ti conosce nei dettagli più reconditi –, perché si tratta di un comportamento poco principesco e va riservato a stadi di conoscenza più avanzati: quelli in cui il sesso tout court si evolve a tutti gli effetti in coinvolgimento sentimentale. Se sei stata previdente, prima di addormentarti gli avrai chiesto sicuramente una t-shirt in prestito.

È stato lui a trascorrere la notte da te? Fallo uscire delicatamente dal letargo e chiedigli per educazione se ha voglia di un caffè o di una doccia, riservando l'invito per una vera colazione a base di brioche e biscotti oppure al fantastico bar sotto casa solo alla rara tipologia Mr. Perfect. Quando l'urgenza di ritrovare la tua libertà inizierà a farsi pressante (normalmente entro mezz'ora) comunicagli pure che tua madre è in arrivo e lo vedrai schizzare in direzione della porta come Speedy Gonzales!

> *«L'oggetto desiderato, una volta posseduto, perde quasi sempre il fascino che esercitava prima della sua conquista.»*
>
> *Plinio il Giovane*

Il «Day after»

Ma torniamo per un istante alla fase post-climax. Per quanto elettrizzante/sfiancante sia stato il vostro incontro tra le lenzuola, prima di svenire in tandem con lui tra le braccia di Morfeo – sempre che abbiate deciso di dormire assieme – ti supplico di chiamare a raccolta le forze residue e di volare in bagno a struccarti. A questo proposito, come i maschi si fanno scortare dal preservativo nel portafogli, tu dovresti essere accompagnata da un kit d'emergenza, contenente i provvidenziali fazzolettini per il démaquillage, un campioncino della tua crema idratante di riferimento, spazzolino + minidentifricio (e almeno un condom, perché il sesso protetto è anche una tua responsabilità).

Saltare questa noiosissima ma fondamentale operazione significherebbe svegliarti con l'ombretto sparso sul viso stile carta geografica, ciglia incollate da grumi di mascara e rossetto variamente straripato dal contorno labbra, come se fossi reduce da una colluttazione con un pentolino di salsa (no, l'effetto purtroppo non è quello di Béatrice Dalle nel film *Betty Blue*; ricorda piuttosto Alice Cooper dopo un live molto adrenalinico...). Intuitivamente anche lui non sarà in assetto da Jude Law, e quindi non è il caso di entrare in crisi se farà fatica a «ricollocarti visivamente» dopo averti concupita, la sera prima, in tenuta da sirena...

> *«Gli uomini diventano molto più attraenti quando iniziano a sembrare più vecchi. Purtroppo non funziona allo stesso modo per le donne; anche se noi abbiamo un vantaggio: il makeup!»*
>
> *Bette Davis*

La trousse con i «fondamentali» della manutenzione personale viaggerà con te fino all'eventuale evoluzione della *one-night stand* in una frequentazione assidua – o al reperimento di un fidanzato come si deve – e al superamento di un tipico scoglio maschile: la visione del tuo spazzolino nel suo bicchiere del bagno. Una volta elaborata la fobia dell'invasione di campo e dei ceppi alle caviglie, il tuo lui potrebbe arrivare addirittura a concederti di parcheggiare qualche genere di conforto estetico nel suo spartanissimo armadietto contenente solo dopobarba e cotton fioc.

Ma supponiamo che per la seconda volta di fila sia «capitato» che lui trascorresse la notte da te. Come devi comportarti in materia di igiene orale? Anche se sei una salutista ipocondriaca ti prego di non fare la schizzinosa che sviene all'idea di prestare il tuo spazzolino da denti (dopotutto avete appena condiviso ogni più intimo segreto fisico, no?!). Da un punto di vista dello stile è sempre meglio optare per la condivisione del bene che sfoggiare una collezione da laboratorio dentistico di spazzolini e fili interdentali.

Incontri al buio

Sarà perché da adolescente sono andata in overdose con i romanzi di Jane Austen e il romanticismo cronico è difficile da espugnare. O forse perché non sopporto l'idea di fare shopping senza poter guardare, toccare, verificare (il che vale per l'ampia gamma di opzioni compresa tra Postalmarket e eBay). Sta di fatto che non sono una fan degli incontri «a scatola chiusa» – meglio conosciuti con il nome di *blind date*, *Internet dating* e *speed dating* – perché mi fanno pensare più alla roulette russa o a una pesca di beneficenza che a un'opportunità...

Ma mi rendo conto di essere un caso isolato. Promuoversi in Rete, con tanto di foto sapientemente ritoccata e scheda autopromozionale stile candidatura alla proclamazione del «prodotto dell'anno» è considerato da molti praticamente un must. Ciò non impedisce alla fregatura di stare appostata dietro l'angolo, quindi permettimi qualche piccolo suggerimento di salvataggio.

Per dribblare i pacchi più macroscopici, ti consiglio di leggere i vari profili con lo stesso atteggiamento critico che riserveresti agli annunci immobiliari, dove «intimo» in realtà sta per minuscolo, «riparato» per oscurato da un grattacielo e «da personalizzare» significa tugurio bisognoso di pesanti ristrutturazioni. Allo stesso modo, «l'amico degli animali» potrebbe nascondere uno zoo in casa (completo di iguana nella vasca da bagno); «lo spirito libero» consuma probabilmente molta cannabis e poco deodorante; «l'amante del relax» ha l'effetto collaterale di non riuscire a trovare un lavoro stabile.

Quanto alla veridicità del «materiale iconografico», preparati a incontrare la persona che ti sorrideva nella fotografia in versione dieci anni e venti chili dopo, nonché con la metà dei capelli in testa. Ma conosco anche casi – rarissimi, in verità – di coppie felici nate sui siti dedicati agli incontri. Se ti senti ispirata, fa' pure un giro di ricognizione e tienimi aggiornata sugli sviluppi... Sono sempre pronta a cambiare idea di fronte all'evidenza.

> *«Noi donne saremo anche capaci di fingere un orgasmo, ma gli uomini riescono a bluffare per un'intera relazione.»*
>
> Sharon Stone

Viva la differenza?

Un autentico Principe azzurro, oltre ad avere dimestichezza con le buone maniere, sfoggia una rinfrancante disinvoltura nel reparto comunicazione. Ciò significa che sa perfettamente quando è il caso di telefonare, ricorrere alla posta elettronica o – roba da campionati di signorilità – impugnare una penna stilografica e scrivere un biglietto a mano.

All'estremo opposto, nelle lande della grossolanità più pavida, abita l'invasato da e-mail con velleità letterarie, il quale ti conquista con una pioggia di frasi poetiche mandate nel cuore della notte (non illuderti: sono frutto di sapienti innesti copia/incolla da epistolari illustri o lettere a fidanzate precedenti), ma poi non ha neppure il coraggio di starnutire di persona quando si tratta di passare dalle parole ai fatti. Al punto che, se deve scaricarti, è capace di farlo attraverso un post-it, come efficacemente narrato in una puntata storica di *Sex and the City*.

Ma torniamo all'argomento – molto più appassionante – del *Prince charming*, planato direttamente dalle favole nella tua vita. Magari non arriverà al punto di tenerti incollata al cellulare per un'intera serata (gli uomini vengono da Marte, come assicura lo scrittore John Gray, anche perché detestano le conversazioni fluviali a distanza), ma se ha promesso di chiamarti a una determinata ora puoi stare certa che lo farà. E, cosa ancora più importante, non cercherà di sbrigare in contemporanea qualche altra occupazione fondamentale (chi ha detto che i maschi non sono *multitasking*?), tipo digitare a grandine sulla tastiera del computer o smanettare in sordina sul videogioco preferito, per potersi dedicare completamente a te.

L'autentico Principe azzurro si palesa territorialmente con una serie di indizi inequivocabili. Tanto per cominciare, non provoca un nubifragio ogni volta che si fa la doccia a casa tua, evita di disseminare boxer e calzini quando si ferma per il weekend e non riduce la cucina in un campo di battaglia per preparare un semplice piatto di spaghetti al pomodoro. Ancora, non marca il territorio lasciando grumi di dentifricio sul lavandino o gocce di provenienza inequivocabile sul water. E si ricorda di riabbassare la tavoletta dopo ogni utilizzo, per risparmiarti lo choc di planare alle tre di notte sulla ceramica ghiacciata.

«Se ti sembra di essere in una soap opera, cerca almeno di non beccarti il ruolo peggiore.»

Boy George

In fatto di regali basterà anche il pensiero, ma il Superenalotto coincide con l'esemplare rarissimo di Principe dotato di antenna, il quale non va alla ricerca dell'oggetto impossibile (spesso, ahimè, anche da indossare), bensì cerca di captare i preziosi suggerimenti che dissemini con nonchalance nella conversazione o che se ne stanno racchiusi nel tuo sguardo estatico di fronte a una vetrina. Lui sa scioglierti il cuore come un cremino sotto il sole di Ferragosto – senza necessariamente svenarsi – facendoti trovare sul comodino il libro fuori stampa che stavi cercando da mesi, il DVD del tuo film preferito o presentandosi al vostro appuntamento con un mazzolino di violette.

Se il vostro denominatore comune è un'incredibile intesa sessuale, aspettati della lingerie fantastica. Il che richiede però un pizzico di indulgenza da parte tua: perfino l'Uomo perfetto potrebbe non azzeccare al primo colpo la taglia giusta, ma si permetterà di «sbagliare» con uno slip troppo piccolo e un reggiseno sovradimensionato – sicuramente mai l'inverso! –, facendoti intuire che lui ti vede esattamente così (ed è per questo che sei pazzamente innamorata di lui).

Nella fase di transizione prima del Magico Incontro – quella che a volte ci vede abbinate a soggetti altamente improbabili – preparati a fare «la raccolta del differenziato». Ma non prenderlo come un fatto personale: dietro a un regalo agghiacciante spesso non c'è traccia di dolo ma solo tanto cattivo gusto. Qualche citazione sparsa dal mio piccolo museo del kitsch: una compilation di hit scalaclassifica (il massimo del trash), orecchini a cerchioni di bicicletta ispirazione Beyoncé, candele da picco glicemico alla vaniglia, bagnoschiuma agli agrumi (che però ha il pregio di poter essere riciclato come detersivo per i piatti).

L'abito (non) fa il monaco

Molti partner potenziali sono terrorizzati dalla possibilità di scatenare la *fashion stylist* che è in noi. Nella maggior parte dei casi commettono un errore: dovrebbero accendere un cero alla divinità di riferimento e incaricarci della loro metamorfosi «chiavi in mano». Ma siccome non esiste regola senza la sua eccezione, nell'invasione quotidiana di look raggelanti o noiosamente omologati si stagliano i paladini solitari del gusto impeccabile. Nel caso uno di loro ti abbia appena infilato all'anulare un anello di fidanzamento (accessorio cult che verrà esaminato accuratamente nel prossimo capitolo...), sarai tu a dover esprimere sconfinata riconoscenza con una ghirlanda di ex voto.

> *«La moda è qualcosa che non riguarda solo i vestiti... Ha a che fare con le idee, con il modo in cui viviamo e con quello che ci succede intorno.»*
>
> *Coco Chanel*

Va anche detto che se la perfezione non esiste, o è comunque molto difficile da incontrare, in presenza di un uomo dotato dei requisiti che reputi fondamentali ti consiglio di chiudere un occhio sull'abbigliamento, ripromettendoti di intervenire omeopaticamente in un secondo momento, in modo che la rivoluzione avvenga quasi senza che lui se ne accorga. Questa considerazione non si applica naturalmente ai casi disperati, impossibili da redimere. Ma siccome l'argomento è vasto e qui si rischia l'effetto vaso di Pandora, mi limiterò a citare le esasperazioni refrattarie perfino alla nota sindrome femminile «Io ti salverò» (sottinteso: dal tuo gusto dell'orrido).

Sul fronte smandrappato a oltranza troviamo i patiti del jeans tristemente délavé e per giunta sdrucito, macchiato di similvernice, fintamente spalmato di petrolio o comunque perfettamente sintonizzato sull'ultimo trend demoniaco. Per ironia della sorte, gli adepti del casual trash si sentono appena usciti dalle pagine di *Vogue Hommes* e ritengono di essere i discendenti modaioli di Pete Doherty (l'ex fidanzato sciamannato di Kate Moss). Credimi: convincerli che il classico cinquetasche blu scuro e senza orpelli è sinonimo di eleganza intramontabile si tradurrà in un'impresa disperata.

Le cose non si annunciano più semplici con l'eterno Peter Pan, che anche dopo la fatidica boa dei trentacinque anni continua a salivare per le t-shirt dei concerti, le felpe post-grunge, le sneaker sfasciate (ma rigorosamente d'importazione) e non si separa mai dal suo cappellino da baseball, producendo un involontario effetto Forrest Gump. Morale: anche se siete coetanei rischierai di venir scambiata per sua madre.

Alle latitudini opposte si incontra il maschio «Corporate», che anche per un innocuo pomeriggio di shopping si barda da colloquio di lavoro alla Deutsche Bank. Sicuramente ama il gessato. Ma ovviamente non quello sobrio, dalla linea sottile, che rende onore alla traduzione inglese (*pinstripe*, ovvero «sottile come una punta di spillo»). Al contrario, sembra ispirarsi alle righe dei tendoni da circo e al look dei *Sopranos*. Lo perdoniamo solo perché per i maschi quello delle dimensioni è da sempre un argomento critico. Ma tu faresti bene a ripassare la regola aurea dell'«inversamente proporzionale» e a diffidare degli uomini che delegano la loro virilità al collettone stile aliante pronto al decollo, all'orologio che per dimensioni fa concorrenza al wok del ristorante cinese sotto casa e alla cravatta formato copriletto.

Passiamo ora a un altro tema scottante, anzi accecante: quello di chi porta tatuati sul viso gli occhiali da sole, preferibilmente palesemente griffati e formato sedici noni. Anche se «l'Uomo Ombra» può avere un suo fascino (spesso legato al fatto che l'ottanta per cento del suo viso risulta coperto...), ti prego di rammentargli che l'uso della lente impenetrabile, stile finestrino della limousine, in un luogo chiuso o mentre si sta parlando con qualcuno rimane – alla faccia della moda – un segno di maleducazione sempiterna, che fa molto creatura delle caverne.

Quanto alle scarpe, inutile negarlo: rappresentano il principale indizio di stile. E un paio di Oxford artigianali – spazzolate con cura, nonché calzate da un uomo affascinante – possono rivelarsi insospettabilmente sexy.

Purtroppo il mondo è calpestato da deprecabili mocassini di forma quadrata o dalla punta all'insù, stile babbuccia di Alì Baba; tomaie rimaste reiteratamente ostaggio della pioggia o percorse da un delirio di impunture di colore bianco-segnaletico; suole galleggianti in gomma, che potrebbero vincere i campionati di surf... Ti sembrerà assurdo, ma la lettura delle scarpe maschili rischia di essere più rivelatrice di quella dei fondi del tè!

Infine, in caso di incontri molto ravvicinati, anche l'*underwear* vuole la sua parte. In testa alla classifica del sex appeal maschile troviamo il calzoncino stile ciclista in cotone elasticizzato (liscio o a costine), seguito dall'inossidabile boxer anni Novanta, preferibilmente non sfiancato e scolorito da troppi passaggi in lavatrice. Sugli inguardabili slippini da culturista, con e senza triangolo frontale, sei autorizzata a pensare il peggio, anche perché spesso sono associati a un altro personaggio da film dell'orrore: il calzino corto.

Per un'impietosa legge della natura, gli unici maschi sensibili all'argomento biancheria intima sono quelli del genere *Brokeback Mountain*: sono i migliori sotto tutti i punti di vista, e infatti diventano i nostri amici del cuore, ma per ovvie ragioni è meglio non innamorarsene. Il tuo lui non è proprio il tipo da mutanda Abercrombie & Fitch? Ottima scusa per organizzare un fine settimana romantico a New York...

«Un vestito non ha alcun senso se non fa venire a un uomo la voglia di levartelo.»

Françoise Sagan

Come riparare un cuore spezzato

Quando finisce un amore, una Principessa sa come piangere senza far colare il makeup e – soprattutto – senza perdere la dignità. Superati i tre giorni di purgatorio (quelli in cui l'adorabile carogna potrebbe tornare sui suoi passi in sella a un cavallo bianco, con tanto di fiori e diamante «riparatore»), ecco le dritte per uscire velocemente e senza umiliazioni dall'inferno:

- ✓ ***Cancella i suoi numeri telefonici e l'indirizzo e-mail*** pregando gli amici comuni di non fornirteli neppure sotto tortura. Questo per impedirti di combinare pietosi disastri «azzera-autostima» (di cui ti pentiresti in tempo reale) la sera in cui il tuo ego pestasse i piedi per farlo tornare da te.
- ✓ ***Elimina tutto quello che parla di lui:*** bigliettini, regali, cimeli, fotografie, che in questa fase avrebbero lo stesso effetto di un machete nella piaga. Imponiti di pensare ad altro ogni volta che la mente si incaglia nel passato e di cambiare stoicamente argomento quando la tentazione sarebbe quella di sviscerare il tuo dolore cosmico con le amiche.
- ✓ ***Concentrati sulle cose positive*** che possiedi o che ti sono capitate ultimamente: l'importante è distoglierti dalla sciagura che porta il suo nome. E pianifica un futuro di cose meravigliose, a partire da quel-

l'hobby che non hai mai potuto coltivare mentre stavate insieme.

- ✓ ***Asseconda il cambiamento*** in tutte le sue forme: nuovo taglio di capelli, lavoro, arredamento, continente. Importante: iscriviti in palestra o ricomincia a frequentarla assiduamente; l'esercizio fisico stimola il rilascio di endorfine, che agiscono positivamente sull'umore. In generale, aderisci a tutto ciò che rappresenta un'innovazione rispetto alla tua vita precedente.
- ✓ ***Mangia meglio*** e combatti la tentazione di sopravvivere con aperitivi e junk food. Il tuo corpo, in preda allo stress, avrà bisogno di un apporto extra di vitamina B (si trova in cereali integrali, noci, pesce, carni bianche) e C (agrumi e verdura a foglia verde scuro). Molti dei cibi indicati sono anche ottime fonti di magnesio, indispensabile per fronteggiare i cali d'umore. Tacchino, formaggio fresco, tonno e anacardi contengono invece un amminoacido noto come triptofano, che agisce positivamente sui livelli di serotonina. Pure avocado, banana e pomodoro sono splendidi alleati nella lotta all'ansia, alla malinconia e all'insonnia. Unica trasgressione concessa: cioccolato ultrafondente, ricco di antiossidanti e preziosi minerali.
- ✓ ***Evita la formula «Rimaniamo amici»,*** come se si trattasse di una malattia venerea; è la classica menzogna istituzionalizzata. Se lui ti ha spezzato il cuore ti risulterà impossibile frequentarlo senza stare male (soprattutto quando si rifidanzerà).

Invito a nozze

È ufficiale: hai incontrato il tuo Principe azzurro. Lo capisci dal fatto che, quando siete insieme, ti senti su una nuvola e il mondo sottostante assume colori meravigliosi. L'unico effetto collaterale di questa stordente beatitudine è che ti impedisce di valutare con obiettività se le tue sensazioni siano corrisposte al cento per cento e lui possa essere considerato a tutti gli effetti il coprotagonista del film che stai vivendo o si sia presentato alle audizioni semplicemente come «comparsa».

In realtà, esistono alcuni comportamenti maschili «universali», che giustificano un legittimo ottimismo. Ecco qualche esempio: lui non si fa vivo solo quando c'è da organizzare il weekend; al contrario, ha voglia di vederti anche in un giorno insulso come il mercoledì. Non te lo ha chiesto formalmente, ma hai intuito che vorrebbe avere un diritto di esclusiva su di te dal punto di vista fisico. Conosce una per una le tue intolleranze alimentari (e dove sono posizionati i tuoi nei!). Siete sopravvissuti splendidamente a una vacanza nel posto più pericoloso del mondo: l'isola stile *Laguna blu.*

La prova del nove del coinvolgimento coincide però con la decisione di presentarti ai suoi amici, vissuta dalla maggior parte di noi Principesse come un amabile invito a gettarci nella fossa dei leoni e che, al contrario, andrebbe letta come un segnale molto incoraggiante (i maschi sono gelosissimi del loro entourage). Inoltre, si tratta di un modo discreto per raccogliere informazioni indirette su di lui, vedendo come si muove quando non siete soli.

Il peggio che ti possa capitare in quel frangente, a conti fatti, è trovarti a schivare qualche frecciatina per l'amichevole «invasione di campo» o sudare sette camicie nel tentativo di inserire un pensiero personale nel diluvio di commenti calcistici / riferimenti a programmi che non sono in cima alla lista dei tuoi preferiti / testosteroniche gare di sarcasmo... Ma è incredibile come spesso bastino una battuta al momento giusto, un sorriso complice o un complimento mirato per disarmare perfino il più misogino della «commissione esaminatrice».

La raccomandazione è di dare a ognuno di loro almeno una seconda chance prima di esprimere eventuali giudizi negativi, proprio come fai con il CD che si rivela poco convincente al primo ascolto. E di parlare della questione esclusivamente con il tuo ragazzo – mai con i diretti interessati –, per evitare che venga ordita una congiura nei tuoi confronti, capace di trasformare in un martirio le uscite successive.

Allo stesso modo, puoi risparmiarti la fatica di metterti in gara con te stessa nel tentativo di piacere a tutti i costi. Nessuno si aspetta, tanto per fare un esempio pratico, che tu riesca a emulare Sarah Jessica Parker nel film *A casa con i suoi* (2005), diventando una campionessa di paintball pur di passare «l'esame d'ammissione» (anche se bisogna ammettere che il fisico di Matthew McConaughey, nel caso specifico, valeva indubbiamente lo sforzo!).

Di sicuro ***la presentazione ufficiale al gruppo non rappresenta il contesto ideale per fare la gattona con il tuo lui*** (urtando la sensibilità di chi è stato mollato di fresco) o di competere con i superbulli a chi si ingolla più Mojito. Quella che potrebbe apparire come una scorciatoia per entrare più rapidamente nelle loro grazie, infatti, rischia di tradursi in una sbronza imbarazzante, destinata ad alimentare leggende metropolitane sul tuo conto nei secoli a venire.

Sono le tue amiche a insistere per conoscere il fortunato? Aspetta che la relazione sia sufficientemente rodata e la complicità inossidabile, altrimenti le vostre piccole differenze caratteriali rischieranno di sembrare più eclatanti dei punti di contatto e non supereranno l'inflessibile *man detector* della giuria. Quanto ai dettagli organizzativi, meglio un drink veloce rispetto a una cena formale e il gruppo misto al posto dell'adunata di sole *girls*. In quest'ultimo caso, infatti, se lui è timido potrà contare sulla solidarietà di qualche «complice» e non avrà la sensazione di essere finito in pasto all'Inquisizione spagnola!

Ti presento i miei

Affrontato il giudizio degli amici, c'è giusto il tempo di dormire brevemente sugli allori e scatta un confronto ancora più impegnativo: quello con i rispettivi genitori. Come nel caso precedente, meglio concentrarsi sulla metà piena del bicchiere e sul fatto, per esempio, che l'incontro con il potenziale suocero permette di valutare se la leggerissima stempiatura del tuo fidanzato è destinata a difendere le sue posizioni (butta bene se la nuca di suo padre sembra rivestita di moquette) o se tra qualche anno si trasformerà in un ampio parcheggio (trattasi comunque di un ottimo investimento se abitate in una grande città!).

A meno che la sua famiglia non sia di genere post-hippy, ***il suggerimento è di affidarti a un look classico e autorevole, ma senza picchi di eleganza da prima alla Scala,*** che rischierebbero di risultare poco rilassanti per te e intimidatori per loro. Allo stesso modo, meglio non essere costretta a domandarti per tutto il tempo se la camicetta che indossi è trasparente o la gonna troppo corta: questa non è l'occasione più adatta per mettere alla prova il tuo sex appeal e richiede invece un abbigliamento rispettoso del pudore altrui. Il garbo nel presentarti, nello stare a tavola e nel sostenere una conversazione farà il resto.

Come abbiamo avuto modo di sottolineare nel capitolo dedicato all'arte del ricevere, è vietato presentarsi a mani vuote nella casa che ci ospita. Se l'ispirazione non è ai suoi massimi basteranno una pianta e una buona bottiglia di vino. Altra considerazione: a meno che non sia prevista una telefonata della massima importanza, ***è preferibile che tu tenga il cellulare spento, per poterti dedicare alla conversazione in modo rilassato*** e senza interruzioni inopportune.

Infine, se il massimo dei voti non ti basta e ambisci alla lode, cerca di mostrarti sorridente, non esagerare con i complimenti (suonerebbero inesorabilmente affettati) e sorvola con leggerezza su eventuali uscite infelici della mamma in preda al panico che le scippino il figlio, sempre in agguato anche se «il bambino» ha superato la boa dei trentacinque e vive per conto suo da un pezzo.

Nel caso tu sia stata invitata a pranzo, rimanere incollata per tutto il tempo alla sedia significa essere ricordata (con le fidanzate successive) come «Quella che non muoveva neanche un dito!» Al contrario, darsi troppo da fare produce l'effetto di innervosire il vero angelo del focolare per l'incursione nel suo territorio.

***L'opzione vincente è frutto, come spesso accade, di un giudizioso compromesso e suggerisce di mostrarti collaborativa solo nello svolgimento dei compiti più* basic,** come aiutare a portare il pane o la frutta in tavola e a radunare i piatti già utilizzati, affinché possano essere trasportati in cucina. Dal secondo invito in poi potrai anche decidere di caricare la lavastoviglie dichiarandoti un'esperta in materia, ma in questo caso non limitarti a offrirti volontaria: dirigiti perentoria al lavandino e diventa operativa!

Le dimostrazioni di affetto rivolte al tuo boyfriend dovrebbero essere ridotte ovviamente al minimo per non provocare imbarazzi generali o – peggio – scatenare la gelosia della suocera (pericolo quasi ineluttabile se è di nazionalità italiana). Il bon ton prescrive che debba essere lui, in ogni caso, a prendere l'iniziativa. Se hai la fortuna di avere un fidanzato molto affettuoso, rispondi a un suo bacio o a una sua carezza con un sorriso vagamente imbarazzato e farai strike perfino con la nonna.

Qualora siate stati convocati a trascorrere il weekend nella casa in campagna dei suoi e sia previsto che dormiate assieme, la discrezione (soprattutto a livello acustico) è d'obbligo. Stanze separate? Lascia a lui il compito di attraversare il corridoio in punta di piedi e di raggiungerti, sfidando il rischio di essere colto in flagrante e di trarsi poi d'impaccio (il galateo da questo punto di vista è inflessibile). Ma auguriamoci che sia andato tutto bene per chiudere con una chicca: dopo il rientro in città sarebbe cortese da parte tua mandare un bel biglietto di ringraziamento ai futuri suoceri.

La necessità di non affrettare i tempi della presentazione ufficiale alle amiche vale all'ennesima potenza per i tuoi genitori. Se non ti senti ancora perfettamente a tuo agio nella veste di fidanzata, meglio rimandare il momento clou: l'insicurezza di fondo verrebbe intercettata prontamente da mamma & papà, per essere convertita nella convinzione che tu non abbia ancora trovato l'uomo giusto per te.

Parallelamente, prepara il tuo lui all'incontro rendendolo edotto di eventuali idiosincrasie e stravaganze dei tuoi famigliari, in modo che non abbia la sensazione di trovarsi nel remake al maschile di *La neve nel cuore* (2005), dove la solita Sarah Jessica Parker – ormai assurta al ruolo di fidanzata d'America – si trova a combattere senza speranza con l'implacabile clan del suo fidanzato perfetto e, in particolare, con una suocera impossibile (rispettivamente Dermot Mulroney e Diane Keaton).

A questo proposito, ***ricorda a tua madre di inghiottire sul nascere certe domande imbarazzanti, tipo: «A quando un nipotino?»*** (soprattutto se la vostra relazione è iniziata due mesi prima) e di non riesumare per l'occasione – con la scusa di fargli vedere quanto eri graziosa da piccola – le fotografie che immortalano i periodi più drammatici della tua vita: un'infanzia pingue e sdentata, seguita da un'adolescenza acneica, con l'autostima sotto i tacchi. Il tuo fidanzato vivrà benissimo anche con quella lacuna sulla tua biografia.

Quegli oscuri oggetti del desiderio

La premessa può essere duplice e prevedere che tra di voi ci sia stata fin dall'inizio una chimica strepitosa oppure che, sotto quell'aspetto, abbiate avuto un'evoluzione stile diesel. In entrambi i casi neppure un ipotetico Mr. Perfect è tenuto a conoscere per scienza infusa (a meno che non sia un discendente di Nostradamus) quella tua zona erogena nascosta nell'incavo del ginocchio e le mille altre predilezioni erotiche che ti rendono molto diversa dalle altre Principesse che ha incontrato prima di te.

In altre parole, una relazione appagante dal punto di vista sessuale – fatti salvi i casi di conclamata incompatibilità – si conquista attraverso la conoscenza reciproca e non con un terno al lotto. Altra certezza: ***i maschi non amano sentirsi poco ferrati tra le lenzuola, ma è inevitabile che ci sia quasi sempre la possibilità di un discreto margine di miglioramento.***

La strategia vincente, per fare in modo che i vostri tempi dal punto di vista fisico finiscano per combaciare come quelli di due campioni di nuoto sincronizzato, non è scudisciarlo quando non riesce a interpretare i tuoi desideri più reconditi (la cosa potrebbe eccitarlo se è un fan del genere sadomaso, ma allora ritengo bizzarro che si trovi a letto con te...), quanto piuttosto motivarlo, soffermandoti sulle cose che stanno funzionando e fornendo qualche piccola indicazione supplementare, come è consuetudine in una caccia al tesoro (appunto!).

La mossa meno furba in assoluto – posto che lui sia davvero il partner dei tuoi sogni e non una meteora da* one-night stand *– è simulare l'orgasmo per gratificarlo, sperando che in un futuro non troppo lontano arrivi a centrare il bersaglio (cosa altamente improbabile quando si viene continuamente depistati...). Quando ti sarà chiaro che il miracolo non si verificherà mai, un attimo prima di arrenderti allo scoramento ti troverai costretta a svelargli l'arcano del tuo reale «funzionamento» e lui non riuscirà a comprendere come mai quello che sembrava farti decollare come un jumbo fino alla sera prima improvvisamente ti lasci più fredda di una busta di spinaci surgelati...

Va anche detto che un rapporto rodato può avere bisogno di qualche saltuaria trasgressione per non rischiare l'effetto fotocopia. Nella top ten delle attività collaterali più amate dagli uomini troviamo – ancorate alle primissime posizioni – ascoltare le tue fantasie erotiche (e rivelarti le loro), l'uso di un linguaggio non approvato dall'Accademia della Crusca per corroborare l'eccitazione e l'idea di farlo in posti dove si rischia matematicamente di essere beccati (il che spiega come mai le star di Hollywood vengano immortalate puntualmente dai paparazzi senza slip mentre scendono dall'automobile).

Altri diversivi agognati: legarti al letto (*don't worry*: basta non offrire in ostaggio i tuoi preziosissimi foulard di Hermès), fare da spettatore mentre ti spogli come Kim Basinger in *9 settimane e 1/2*, chiederti di travestirti con una divisa sexy (vinci il premio «guardaroba perfetto» se di professione fai l'infermiera) e – sorpresa! – depilarti personalmente le parti intime. Il che non deve indurti a trarre conclusioni affrettate su una raccapricciante quanto inconscia inclinazione alla pedofilia. ***Prenota però una superceretta professionale al centro estetico di fiducia, per evitare che con il rasoio in mano il tuo lui si trasformi involontariamente in Jack lo squartatore.***

Procedendo nella classifica degli extra più gettonati, non dovrai stupirti se, a un certo punto, ti sentirai proporre come sottofondo erotico la visione di un film a luci rosse. La cosa strabiliante – e qui c'è molto da imparare! – è che anziché andare in panne a livello di autostima, i maschi provano un'immensa, reverenziale empatia nei confronti di chi è dotato di attributi da porto d'armi e di una resistenza che manderebbe in crisi esistenziale perfino un martello pneumatico.

Credimi, è inutile cercare di spiegare come quel tripudio cinematografico di silicone, illuminazione stile sala operatoria, mobili da superdiscount e zeppe che farebbero inorridire perfino i Kiss dei tempi d'oro infligga al nostro gusto estetico principesco una vera e propria mazzata. Sarebbe come tentare di convincere un tifoso di calcio della profonda oziosità racchiusa nel puntiglio di inseguire una palla per novanta minuti.

Ma non finisce qui, perché una volta superata la frontiera del porno, per alcuni cultori «tintobrassiani» dell'hard il passo successivo coincide con la proposta di realizzare un filmino privato (un segreto destinato a rimanere «ovviamente» tra le vostre privatissime mura...). La tentazione immediata – soprattutto nella fase in cui il coinvolgimento sentimentale è alle stelle – è di interpretare questa richiesta come ***un pensiero a suo modo romantico: la moderna evoluzione del tatuaggio dei rispettivi nomi sul braccio.*** Prima di accettare ricorda che mentre un tattoo si può estirpare con il laser, il documentario hardcore – nella malaugurata ipotesi che l'idillio vada a picco come il *Titanic* – finisce dritto su Internet (Paris Hilton insegna).

Raggiungendo l'area ufficialmente vietata ai minori, sentiti pure libera di rifiutare la proposta di condividere la vostra sfera sessuale con qualche «ospite» (e di domandarti se sei proprio sicura di stare assieme a un vero Principe azzurro...). Qualora tu non abbia preclusioni rispetto al sesso di gruppo – soprattutto perché ti illudi che lui voglia coinvolgere il suo stratosferico personal trainer brasiliano – non ti farà piacere apprendere che la tipica fantasia maschile è di farlo con te e un'altra donna...

Qui si fa sul serio

Una volta raggiunto il traguardo della stabilità nel rapporto di coppia, molti pensano che conoscersi profondamente significhi rilassarsi, al punto di dimenticare il galateo. Niente di più sbagliato! ***Se l'educazione rappresenta un modo per esprimere il rispetto che nutriamo nei confronti degli altri, chi ne ha più diritto della persona amata?*** Tra l'altro, l'osservanza di una decontratta formalità nel comportamento rende tutto meno scontato e incredibilmente più sexy.

In particolare, l'utilizzo delle parole «grazie» e «per favore» dovrebbe essere commisurato per quantità a quello della tua spezia preferita. In caso di discussione non sono autorizzate urla, imprecazioni offensive, lancio di oggetti, ma neppure l'esatto opposto: musi lunghi e silenzi punitivi, che fanno tanto retaggio dell'asilo. Il divieto di alterco diventa assoluto in pubblico, soprattutto alle cene o alle feste, dove l'unica certezza è di seminare il disagio collettivo e, soprattutto, di vedersi radiati da inviti futuri.

Non litigate neppure sotto tortura e siete pazzi l'uno dell'altra? Sono sinceramente felice per voi, ma vi prego: non fate come quelle coppie che passano il tempo ad accarezzarsi, sbaciucchiarsi e scambiarsi occhiate languide davanti allo sguardo sbigottito degli amici, chiamandosi, come se non bastasse, con nomignoli che dovrebbero rimanere rigorosamente top secret...

Anche la gelosia va gestita con dosi massicce di autocontrollo. Se il pensiero delle sue ex ti perseguita più di quanto non faccia il fantasma di Banco con Macbeth, concentrati sul fatto che lui è la persona meravigliosa di cui ti sei innamorata anche grazie alle esperienze che ha accumulato. È normale che abbia un passato; l'importante è che risulti davvero archiviato e non condizioni la vita con te. La fiducia che vi dovete presuppone ovviamente un reciproco rispetto della privacy e quindi nessuna manomissione «involontaria» della posta personale, cartacea o elettronica.

Okay, ma come la mettiamo con il rodimento interiore declinato al tempo presente? ***Ipotesi A: il tuo lui è il clone di Brad Pitt. Deduzione logica: è inevitabile che per strada tutte si girino a guardarlo con il classico rivolo di bava ai lati della bocca*** (in effetti, mi stupirei del contrario!). Hai due soluzioni: sfregiarlo in modo permanente o fartene una ragione e, visto che ci sei, essere anche comprensibilmente orgogliosa del pacco dono che ti ha consegnato il destino.

Ipotesi B: il suo ego bisognoso di continue rassicurazioni lo porta a flirtare genericamente e in modo innocuo. Mi rendo conto che non sia piacevole, ma si tratta di un comportamento piuttosto diffuso tra i residenti del Pianeta Marte. Se l'atteggiamento rimane sporadico e vago, senza degenerare in tradimento, indossa il tuo miglior sorriso e lascialo fare, simulando una suprema indifferenza: acquisterai un sacco di punti, risultando ai suoi occhi ancora più carismatica e sicura di te.

Un'altra buona idea è quella di tenere testa alla tipica inclinazione all'autotortura, tutta femminile, che potrebbe spingerti a chiedergli un parere sulla vicina di ombrellone, oggettivamente idonea a una cover di *Playboy*. Secondo te, che cosa ne pensa? Credi sia davvero utile (e non invece solo masochista) domandarglielo? ***Te lo dico io: è chiaro che la trova molto attraente e se è onesto lo ammetterà, fornendoti l'alibi che cercavi per tormentarti*** e far divampare la lite. Come è pure ovvio che, alla terza scenata, ti risponderà che la reincarnazione di Venere (quella che gli starà passando sotto il naso in quel momento) non è niente di speciale...

L'anello mancante

Superato anche lo scoglio della gelosia, dovreste essere ormai più in simbiosi dello *yin* e dello *yang*, con una vita di coppia ad alto tasso di saccarosio (diciamo come in un film con Meg Ryan e Tom Hanks; hai presente *Insonnia d'amore* o *C'è post@ per te*?). E avresti tutta la mia comprensione se, a un certo punto, nella tua mente ultraorganizzata e proiettata in avanti finisse per prendere forma il magico interrogativo «...E adesso?», ***confermato dalla sensazione che l'anulare sinistro risulti un po' spoglio e abbia urgente necessità di un «punto luce».***

Innanzitutto, non aspettarti che sia lui a sollevare il problema. Ma siccome dovresti saperlo, passo direttamente all'esortazione di non iniziare a vessarlo con soste estenuanti davanti alle tue gioiellerie di riferimento, amene conversazioni sui diamanti più in voga tra le star di Hollywood, riferimenti incidentali ad amiche accasate di fresco...

Il dottor Phil McGraw – praticamente un'istituzione in America, grazie anche alla collaborazione con la super anchorwoman Oprah Winfrey – conferma che il giorno infausto si vede dal mattino. Qual è l'eterno sogno infantile di ogni bambina? Far sposare la sua Barbie con Big Jim (il quale, va detto, ha un'aria più maschia di Ken...). ***Bene, hai mai sorpreso un ragazzino a scippare la Barbie della sorella per dare al suo adorato Big Jim una degna compagna? Ovviamente no.***

Questa constatazione quasi lapalissiana ti annuncia che è arrivato il momento di darti da fare. Lascio a te il compito di scegliere le modalità più idonee, considerato che ogni fidanzato è dotato di una personale chiave d'accesso e non è stato ancora messo in vendita un passepartout per tutte le serrature. Posso rivelarti, però, che il metodo considerato universalmente controproducente è quello di mostrarsi piagnucolose, dipendenti, insistenti. Altro errore: costringerlo a pianificare un'ufficializzazione. Gli uomini odiano trovarsi con le spalle al muro e, come gli animali in gabbia, desiderano una sola cosa: scappare.

Un altro consiglio è di badare alla sostanza, senza arricciare il naso se la procedura utilizzata per dichiararsi non è esattamente come avevi sperato. Sogni che lui ti sorprenda portandoti nel negozio Tiffany di New York (quello dell'omonima *Colazione*) durante l'orario di chiusura e che – davanti a te e allo sguardo luccicante di un esercito di commesse – si inginocchi, nel suo smoking impeccabile, per chiederti di sposarlo? Succede solo nei film e, precisamente, in *Tutta colpa dell'amore* (2002), dove poi Patrick Dempsey invita Reese Witherspoon a scegliere il diamante di rito tra una parata di astucci sfavillanti, che richiederebbero occhiali da saldatore per proteggere le cornee.

Un compromesso meno fiabesco ma sicuramente a prova di (brutte) sorprese prevede che lui faccia un pellegrinaggio in gioielleria, in modo da identificare una serie di candidati per il tuo anulare sinistro in sintonia con il suo budget. Nella seconda visita si presenterà con te, per farti individuare pietra e montatura perfette. Nella terza e ultima andrà scortato solamente dalla sua carta di credito.

Poniamo che il tuo Principe azzurro – dotato di piglio assertivo e tanto ottimismo – abbia deciso di prendere in mano la situazione e, durante una serata romantica, estragga con un sorriso radioso la fatidica scatolina... Ti prego: non lasciare assolutamente che l'apparizione di un anello poco entusiasmante rovini la magia di un momento di per sé epocale! Inghiotti subito il disappunto e tira fuori tutta la commozione di cui sei capace, ripromettendoti di valutare nei giorni seguenti se la delusione iniziale (abilmente mascherata) si è ridimensionata nel frattempo o viene confermata. In quest'ultimo caso dovrai motivare con estremo tatto la decisione di sostituire il dono. ***E lo farai senza sensi di colpa, considerato che quell'oggetto e il tuo dito hanno in programma di trascorrere parecchio tempo assieme,*** all'insegna della totale armonia.

Quando si parla di diamanti le caratteristiche da prendere in esame (stiamo riferendoci pur sempre a un investimento) sono il taglio, la trasparenza, la luminosità, il colore e la grandezza, anche se di norma l'attenzione finisce per essere assorbita unicamente dai carati, citati dalle amiche invidiose nei loro pettegolezzi come unità di misura per quantificare il suo coinvolgimento nei tuoi confronti. In ogni caso, quel frammento di carbonio cristallizzato sarà al centro del tuo mondo nell'immediato futuro, quindi prevedi un abbonamento manicure nel tuo salone di fiducia, per assicurarti che la «cornice» della mostra itinerante sia perfetta.

Una Principessa molto ammirata e corteggiata potrebbe trovarsi nella condizione spiacevole di dover rifiutare una proposta. Lo farà con estrema delicatezza e guardandosi bene dal diffondere la notizia, in modo che l'accaduto rimanga un segreto tra lei e il diretto interessato. Una sua reale indecisione la autorizza a chiedere del tempo per pensarci ma, considerando che sono in gioco i sentimenti di un'altra persona, la riflessione non può durare all'infinito.

Un tema molto sentito è quello della restituzione dell'anello, associata alla fine del fidanzamento. ***Se la decisione di troncare è stata presa da lei, il galateo impone di rendere il pegno d'amore in tempi brevissimi e senza che l'ex sia costretto a rivendicarlo,*** a meno che non sia così generoso da non volerlo assolutamente indietro. In questa fortunata circostanza – o qualora sia stato lui ad abbandonare metaforicamente la nave – il gioiello potrà essere rivenduto o sostituito, sempre con estrema discrezione. Un gesto molto nobile da parte della Principessa è quello di devolvere poi i proventi in beneficenza.

Ma ora torniamo alla scelta del diamante ideale. Dopo la tempestosa rottura tra Ben Affleck e Jennifer Lopez, la preziosissima variante con le sfumature rosa – nella fattispecie un vistoso sei carati firmato Harry Winston – ha visto evaporare immediatamente il suo appeal sul mercato. L'ex modella Heidi Klum, nel frattempo, ha fatto da apripista al trend (inesploso) della nuance giallo canarino. Ciò ci porta a una prima constatazione: ***i riflessi colorati sono soggetti alle mode e stufano rapidamente. Il che si rivela un vantaggio, dato che hanno prezzi esorbitanti.***

In sintesi, considerato che il destino di un anello di fidanzamento è di essere indossato teoricamente tutti i giorni, meglio prediligere un taglio classico, puntare sulla trasparenza assoluta e non cafoneggiare con le dimensioni. Unici eccessi (illustri) giustificati: quelli di Elizabeth Taylor, entrata nella leggenda con un macigno di oltre ventinove carati – dono del produttore cinematografico Michael

Todd – e, in seguito, con uno «scoglio caprese» che superava la boa dei sessantanove, cadeau estemporaneo di Richard Burton. ***All'estremo opposto: Audrey Hepburn e la sua fede Eternity percorsa da tanti piccoli diamanti taglio baguette,*** pegno d'amore di Mel Ferrer.

Passando alle fogge più conosciute e acquistate, sbaraglia tutti i concorrenti il cerchio perfetto del classico solitario – disegnato nel 1919 da Marcel Tolkowsky – seguito dalla forma ovale, che risulta particolarmente valorizzata da due file di brillantini laterali. Il taglio «smeraldo» sfoggia invece una superficie piatta e rettangolare, che si è imposta nel periodo Art Déco e presenta un unico effetto collaterale: quello di rendere immediatamente visibili eventuali imperfezioni.

Se la pietra appare come una losanga allungata e appuntita alle due estremità ci troviamo al cospetto di un Marquise, che deve il suo nome alla marchesa di Pompadour, amante di Luigi XV, della quale catturerebbe la linea del sorriso (fatte le debite proporzioni, Catherine Zeta-Jones dovrebbe essere il ritratto della felicità, visto che sfoggia un esemplare da dieci carati griffato Fred Leighton!).

Anche il taglio a pera risulta molto gettonato. «Autorevole» e allo stesso tempo femminile, ha il pregio di allungare visivamente il dito (testimonial d'eccezione: Jada Pinkett Smith, moglie di Will). L'unica controindicazione è che la sua punta piuttosto pronunciata impedisce alla fede nuziale sottostante di aderire, a meno che non venga realizzata artigianalmente.

Disegnato nel 1961 dal gioielliere Arpad Nagy, ***il Princess è un quadrato piatto e multisfaccettato ad arte, che con i suoi ricami di luce regala l'impressione di apparire più grande di quanto non sia in realtà*** (notizia riservata ai Principi azzurri che non dispongono di un budget stellare). Uno sguardo non allenato potrebbe scambiarlo per un Asscher – disegnato nel 1902, in voga negli anni Trenta e tornato prepotentemente in auge con la febbre del vintage –, che ne condivide la forma geometrica ma si riconosce per gli angoli smussati e l'aria più «corposa», dovuta all'altezza (che lo fa assomigliare quasi a un cubetto) e ai lati digradanti a piramide. La mia sensazione è che non porti una gran fortuna: era stato scelto nel 1999 dall'ex coppia Ryan Philippe e Reese Witherspoon, in versione quattro carati e mezzo. Arrivava a cinque quello regalato da Chris Robinson a Kate Hudson (altro matrimonio naufragato). Ciò non toglie che sia di grande impatto ed eleganza.

Molto diffuso nel Novecento e sempre riabilitato dalla rétro-mania il profilo «a cuscino», che ne ricorda la forma per via della superficie rettangolare convessa (a differenza del «taglio smeraldo», che risulta piatto) e per gli angoli arrotondati. È di tradizione antichissima la foggia «a rosa» non ancora dischiusa (ovvero un ovale panciuto e sfaccettato), che affonda le sue radici nell'India del quindicesimo secolo. Chiudo la luminosa carrellata con il diamante più romantico in assoluto: quello «a cuore», amato da un gruppo ristretto di fan appassionate, tra cui la principessa Marie-Chantal di Grecia. Ma ora che ti sei guadagnata il fondamentale diploma in «diamantologia», corriamo a prepararci per il grande passo...

Benvenuta a Sposaland!

La vastità dell'argomento incute quasi un timore reverenziale e per i dettagli sono costretta a rimandarti a letture più specifiche. Quelle che seguono sono le regole base, necessarie per muoverti in scioltezza nella rutilante Disneyland della sposa, scongiurare involontari scivoloni nel kitsch (come l'abito effetto «meringa esplosa») e ***mantenere la preziosa tiara saldamente ancorata sulla testa, anche nella fase in cui scadenze e incombenze si faranno più fitte di una grandinata estiva.***

Prima di posizionarti sui blocchi di partenza è fondamentale che tu abbia chiaro in mente l'obiettivo finale e ti faccia la solenne promessa di non perderlo di vista durante i preparativi. Questo perché ci sono forti possibilità che il matrimonio dei tuoi sogni non corrisponda alle aspettative di genitori & parenti e in corso d'opera tu venga spinta in direzioni che ti allontanano dalla decisione originaria. D'altra parte, se qualcuno ha detto che questo è il giorno più importante della tua vita, credo spetti a te decidere come preferiresti trascorrerlo.

Immagini una cerimonia alla Cindy Crawford e Rande Gerber, del tipo «a piedi nudi sulla sabbia»? Hai in programma una festa oceanica, in cui radunare tutte le persone che contano o sono state importanti nella tua vita? Oppure, al contrario, assapori già la magia di un'atmosfera raccolta, condivisa da pochi amici ultraselezionati? E infine, quale delle due «C» fa per te? (Non stiamo parlando del logo di Chanel, ma dell'eterno dilemma «Chiesa» versus «Comune»). ***Non esiste un'unica risposta esatta: tutte le opzioni funzionano perfettamente, a patto che corrispondano a quello che desideri.***

Premessa prosaica ma cruciale: i matrimoni costano una fortuna, a meno che non siano ultraspartani (e anche in questo caso è difficile cavarsela con poco). Accettare il finanziamento dei rispettivi genitori spesso è inevitabile, ma come nelle aziende dove il proprio ruolo è ridotto a quello di socio di minoranza, implica una perdita del controllo. In pratica, se tuo padre paga il conto poi vorrà coinvolgere quel collega d'ufficio che la scorsa primavera era stato così gentile da invitarlo alle nozze della primogenita. Per non parlare della zia che vive in Australia ma non potrebbe perdere la visione della nipote prediletta imbozzolata nel suo abito bianco. Istanze sacrosante, che finiscono purtroppo per depistarti dalla propensione iniziale per un rito intimo e discreto...

Il galateo prevede, in ogni caso, una rigorosa divisione delle spese. Alla famiglia della sposa spettano partecipazioni, corredo, abito nuziale, spese per il ricevimento e la cerimonia, bomboniere, automobile e autista. Nel caso in cui il rito sia religioso alla lista si aggiungono addobbi floreali, musica, vestiti di paggetti e damigelle, nonché un'offerta per la chiesa prescelta. Quella dello sposo se la cava con le fedi, il bouquet, il viaggio di nozze e l'arredamento della futura casa.

Il matrimonio è ormai legato indissolubilmente alla lista nozze, al punto che la consuetudine di questo gemellaggio ha finito per smorzare la sua evidente zoticaggine implicita. Se ci pensi, infatti, l'inventario da parte degli sposi degli oggetti che entreranno nel loro nido presuppone una conoscenza del prezzo di ogni regalo (che consente di risalire, in seguito, all'eventuale spilorceria del donatore) e trasmette il seguente messaggio: «Meglio non fidarsi del gusto dei nostri invitati, altrimenti qui rischiamo la galleria del trash e del doppione». Il che è drammaticamente vero e ci porta alla conclusione che la necessità di difendersi dai pericoli reali della vita finisce per prevalere sul bon ton.

L'unica raccomandazione – mentre cercherete di districarvi tra sterminati servizi in porcellana, set di posate degni di un lanciatore di coltelli e batterie di pentole che manderebbero in tilt perfino lo chef Anthony Bourdain – è di ***prevedere una gamma variegata di oggetti e di prezzi, per fare in modo che i partecipanti con un budget da tenere sotto controllo non si sentano tagliati fuori.*** Qualora il matrimonio rappresenti il coronamento di una convivenza, al posto dei casalinghi potrete porvi come obiettivo la luna di miele e aprire un conto corrente dedicato, a contribuzione libera. L'iniziativa più principesca in assoluto, ancora una volta, è devolvere i proventi in beneficenza.

L'individuazione dell'abito destinato al gran giorno è strategica. È vero che il suo destino, nella maggioranza dei casi, è di vedere la luce solo per un pugno di ore, ma non dimenticare che ci sarà un intero reportage a renderlo protagonista. Meglio, quindi, che sia sobrio, classico, svincolato dalla tendenza del momento, teso unicamente a valorizzare il tuo corpo e la tua personalità. ***Se non sei sicurissima della tua scelta, chiediti semplicemente se tra dieci anni pensi che avresti voglia di rivederti in una fotografia con quel vestito addosso.*** La risposta è sì? Procedi lancia in resta con l'acquisto. In caso contrario, non ti rimane che proseguire la ricerca.

Per sicurezza eviterei i grandi magazzini dedicati alla sposa, dove il tornado di tulle, pizzi e paillette fa perdere inevitabilmente il senso della realtà (e, soprattutto, dell'eleganza). Mettersi in salvo con il modello più sobrio tra quelli esposti non garantisce purtroppo che lo sia in senso assoluto... Tra l'altro, affidarsi a un sarto o a una piccola boutique specializzata in abiti da cerimonia non comporta necessariamente una spesa maggiore e offre maggiori garanzie dal punto di vista del gusto.

Questo non ti salverà dall'inevitabile Sindrome della Sposa Perfetta, che si traduce in una lettura ossessiva delle riviste di settore (malloppi da ottocento pagine trasudanti fiori, strass e romanticismo), emicranie causate dall'analisi puntigliosa delle infinite sfumature che separano il bianco dall'avorio e sedute estenuanti dal parrucchiere, volte a creare l'Acconciatura unica e irripetibile. In breve: una maratona dieci volte più massacrante rispetto alla ricerca di un fidanzato.

Per tornare all'abito ideale, la prima cosa da fare è

identificare il personaggio che vorresti interpretare (un po' come a Carnevale, in fondo...). Principessa russa, con vaporosa gonna da ballo e lungo cappotto candido dal collo sciallato, ispirazione Kate Hudson? Diva del cinema anni Quaranta, in una guaina di satin tagliata di sbieco, citando Jenny McCarthy? Cenerentola moderna, infilata in un vestito bicolore bianco & rosa *à la* Gwen Stefani?

Personalmente sceglierei qualcosa di più sobrio: per quanto possa sembrare paradossale, infatti, ***una vera Principessa evita di clonare le protagoniste delle favole o le dive di Hollywood,*** e affida la sua classe a questa triplice alleanza: ottimi tessuti, silhouette di raffinata semplicità, dettagli curatissimi. Fondamentale, poi, inserire la *mise* nel suo contesto: una millefoglie in crinolina apparirà fuori luogo su una spiaggia delle Bahamas; viceversa, in chiesa ci sarà un gigantesco divieto d'accesso per il tubino con spalline a sottoveste (troppa pelle esposta), abbinato a un paio di infradito (nei luoghi di culto la scarpa deve essere rigorosamente chiusa).

La somma stanziata condizionerà intuitivamente qualità & quantità di pizzi e ricami; la regola aurea dell'eleganza prevede, in ogni caso, che la stoffa sia tassativamente in pura seta (non di tremendo acrilico) e che le decorazioni siano ridotte al minimo, per evitare di essere scambiata per la torta nuziale. Un satin a buon mercato, inevitabilmente troppo luccicante, si riconosce all'istante, mentre le differenze di prezzo sono più difficili da sgamare quando il tessuto è opaco, come lo chiffon.

Qualche piccola astuzia sartoriale? Uno scollo drappeggiato rende più voluminoso un seno small size, i top che si chiudono come un corsetto «assorbono» un accenno di pancetta e un modello Impero – spostando la linea del punto vita sotto il petto – fa sembrare le gambe lunghe come un'autostrada. La leggendaria stilista Vera Wang assicura che un taglio ad A (ovvero svasato verso il fondo) sta bene in genere a tutte, e lancia il suo no perentorio alle maniche gonfie come una nuvola del Tiepolo o all'eccesso di perline e nudità (rito religioso o meno, si tratta comunque di una cerimonia solenne).

Una sposa in dolce attesa oppure non al suo primo «sì» dovrebbe evitare il bianco candido, per ripiegare sull'avorio o sulle tinte pastello. Il velo non è obbligatorio, anzi entra in scena solo in caso di matrimonio religioso e mai in seconde nozze. La tradizione lo vuole trasparentissimo e senza ricami, perlomeno nella porzione che copre il viso, e prescrive che venga tolto prima del rinfresco. ***Nelle famiglie aristocratiche lo si tramanda, proprio come l'anello di fidanzamento, destinato notoriamente alla futura consorte del primogenito.***

Quanto al bouquet – fatto recapitare dallo sposo a casa della Principessa la mattina fatidica o consegnato sul sagrato – avrà colori tenui d'inverno e più accesi d'estate e sarà in perfetta armonia con il *mood* del vestito. Se sei a caccia di ispirazione, quello di Lady Diana prevedeva rose bianche, fiori d'arancio e foglie di mirto. L'indicazione valida per tutte è che il mazzolino comprenda almeno uno dei fiori presenti negli addobbi della chiesa e nella decorazione dell'auto.

Passiamo ora ai guanti, per dire che l'abito lungo li vuole corti e in raso; quelli che arrivano al gomito sono permessi d'estate e se il vestito ha le maniche corte. La scarpa riveste una grande importanza, anche quando è parzialmente coperta dall'orlo della gonna, e dovrebbe essere chiusa, come imposto da tutte le occasioni formali (spiacente, ma i sandali aperti davanti non sono considerati di classe). Semaforo verde, invece, per la décolletée con il cinturino sul tallone, abbinata a una calza velatissima (sempre obbligatoria) dalle cuciture invisibili. Lo strascico è concesso solo se l'eleganza è alle stelle, al punto che lui ha in programma di presentarsi in tight.

A questo proposito, il Principe azzurro non indosserà per nessuna ragione lo smoking, in quanto si tratta di un abito da sera riservato alle feste (e non ai riti solenni), indicato solo dopo le venti. E non prenderà in considerazione neppure lo spencer – ossia la giacca corta, ispirazione frac ma senza code – che fa pensare alla divisa dei camerieri sulle navi da crociera. Se non vuole strafare sceglierà un abito grigio scuro a un petto e con l'immancabile *boutonnière*, ossia il fiore all'occhiello; altrimenti potrà sottolineare la formalità dell'evento con un tight dalla giacca color antracite (quella grigio chiaro farebbe presupporre che sia diretto all'ippodromo di Ascot), panciotto in tinta o grigio perla e calzoni senza risvolto a righe grigie e nere.

Il compromesso del «mezzo tight» lo libera da una sfilza di vincoli: coda di rondine sulla giacca, cilindro, guanti in antilope, camicia con sparato inamidato e cravatta a plastron stile bavaglino. Questa versione decontratta della formula originaria prevede, infatti, una giacca nera di lunghezza regolamentare, camicia dal colletto morbido e cravatta classica grigio argento.

Ma concentriamoci ancora sul look della sposa. I dettagli tutt'altro che principeschi – da aggirare accuratamente – sono i seguenti: un vestito troppo sexy (con scollo totale, spacco vertiginoso, ombelico *open air*); un profumo stordente o troppo sensuale, la cotonatura stile Maria Antonietta, un makeup eccessivo. ***Pollice verso per l'abbronzatura caraibica — perché non è fine, indurisce i lineamenti, spara con il bianco, viene male in fotografia*** – e per gli occhiali da vista, che andranno rimpiazzati dalle lenti a contatto.

Divieto assoluto pure per i gioielli (uniche decorazioni accordate per il gran giorno: un paio di orecchini microscopici e il bouquet), la borsetta (le lacrime da commozione si asciugano con il fazzoletto infilato nella manica, qualora sia prevista), le calze troppo lavorate – ossia a rete, di pizzo o ricamate – e le sciare magmatiche di strass, perline & paillette, che fanno veglione di Capodanno. Ultimo veto assoluto: le unghie rosicchiate o, quasi peggio, frenchmanicurate e spesse quanto una fetta di pancarré, per via della ricostruzione con il gel.

E adesso, solo due raccomandazioni in merito al servizio fotografico. Gli scatti dovranno risultare il più possibile «naturali»; il che mette automaticamente fuori gioco i girotondi bucolici ai giardini pubblici, le pose ammiccanti con sfoggio della giarrettiera, tutte le trovate pseudoironiche (come quella di immortalare lo sposo in manette). Infine, la collocazione delle foto nell'album non prevederà discutibili stratagemmi grafici, tipo contorni sfumati o applicazione di fiorellini, bolle di sapone, arcobaleni... (NB: tutti gli esempi riportati, purtroppo, non sono frutto della fantasia dell'autrice.)

Il pelo nell'uovo

Per rendere il grande giorno perfetto nel senso più principesco del termine e giungere felici all'happy end, c'è ancora qualche dettaglio organizzativo da esplorare. Procediamo con ordine...

Le partecipazioni vanno spedite con almeno un mese d'anticipo. ***Il cartoncino più chic è bianco o avorio, piegato doppio, scritto in corsivo inglese o stampatello con un inchiostro grigio scuro (non nero)*** e senza ombra di titoli nobiliari o accademici e di decorazioni (leggi: cuori, fedi intrecciate o colombe). La busta va sempre scritta a mano e al suo interno ospiterà eventualmente il biglietto più piccolo con l'invito al rinfresco.

Se gli sposi sono ancora giovani saranno i genitori di entrambi – a sinistra quelli di lei e a destra quelli di lui – a partecipare il matrimonio, altrimenti l'annuncio verrà fatto in prima persona da entrambi. L'e-mail può essere usata, in alternativa al telefono, unicamente per sollecitare una risposta da parte di chi non sembra conoscere il significato dell'acronimo RSVP e tarda a confermare o meno la sua presenza. Ma non può sostituire l'invito formale.

Un altro particolare importante è costituito dalle decorazioni floreali, che devono risultare in sintonia perfetta con l'ambiente dove si svolgono la cerimonia e il rinfresco, prendendo in considerazione le dimensioni degli spazi da riempire, lo stile moderno o antico degli interni, il grado di formalità richiesto e... la necessità di non far venire l'emicrania ai presenti con un profumo troppo persistente.

L'auto utilizzata per gli spostamenti sarà un'elegante berlina di colore scuro ***(da evitare come la peste i cimeli pacchianamente d'epoca, carrozze trainate dai cavalli, elicotteri, mongolfiere...).*** Unico abbellimento concesso: un bouquet sul lunotto posteriore; resta inteso che la carta igienica rimane destinata a usi meno nobili...

Le damigelle, in numero variabile di due, quattro o sei, hanno una ragion d'essere quando la sposa è giovane e può contare su un gruppetto ben assortito di amiche e sorelle carine. Un'altra condizione fondamentale – valida anche per i paggetti e per i cosiddetti *garçons d'honneur*: amici dello sposo, vestiti in tight come lui – è che la cerimonia sia formale al limite del sontuoso e preveda un gran numero di invitati. In tutti gli altri casi, ossia il novanta per cento, sono sufficienti i testimoni.

Il luogo più indicato in cui allestire il ricevimento è sicuramente una casa privata – idealmente quella dei genitori della Principessa, altrimenti una villa d'epoca o un'elegante cascina affittata *ad hoc* – soluzioni sempre meno impersonali del megaristorante specializzato in banchetti. Affidare l'organizzazione pratica a un'agenzia di catering significa evitarsi un sacco di preoccupazioni e di lavoro extra, ma richiede una supervisione attenta del programma, in modo da assicurarsi che il menu sia raffinato, la musica di qualità e ***il prezzo non comprenda effetti speciali ispirazione villaggio turistico (karaoke, macarene e trenini), che fanno pendant – a livello di truzzaggine – con lo strip-tease al maschile nelle feste di addio al nubilato.***

Durante il rinfresco il compito degli sposi è di intrattenere gli invitati, riservando qualche minuto di conversazione a ciascuno di loro, senza favoritismi. Se è previsto un pranzo, troveranno comunque il modo per alzarsi dal «tavolo d'onore» e fare il giro delle altre postazioni per salutare personalmente gli ospiti, compito obbligato al momento dei saluti finali. La torta nuziale dovrebbe rispettare le regole di sobrietà già enunciate per il vestito, rinunciando a gareggiare con il Chrysler di New York in quanto a piani oppure a eccedere in glassa, decorazioni e statuine.

I biglietti di ringraziamento – preferibilmente sintonizzati per carta e caratteri tipografici con le partecipazioni, ma dove il nome dello sposo compare per primo – vanno mandati agli ospiti entro un mese dalla cerimonia. Saranno scritti a mano e faranno preciso riferimento al regalo che si è ricevuto e alla felicità che ha procurato, anche se esterno alla lista nozze e di una bruttezza raccapricciante.

Stando al bon ton, l'invio dei cartoncini rappresenta l'occasione ideale per spedire l'eventuale bomboniera – per fortuna non più obbligatoria, considerata la sua inutilità – che conterrà cinque confetti e il bigliettino con i nomi degli sposi (prima quello di lui). Gli unici sfortunati a non essere graziati dal galateo sono i testimoni di nozze, ai quali dovrebbe toccare addirittura una bomboniera lussuosa, costituita per tradizione da un oggetto in argento, e quindi ancora più inservibile.

Incredibile, ma verissimo: con quel concentrato di romanticismo che è la luna di miele si chiude il nostro lungo viaggio attraverso i segreti della «principessitudine», che magari in parte già conoscevi ma sono convinta valgano sempre un ripasso. ***L'augurio personale è che il bacio del tuo meraviglioso Principe azzurro — ossia il punto in cui nelle fiabe cala ineluttabilmente la parola «fine» — rappresenti solo l'inizio della vostra favola. Perché la sfida, di questi tempi, è tutta lì...***

I «sì» e i «no» di una Principessa sposa

Consigli «marzulleschi» di felicità

Dimostrati raggiante anche se l'anello di fidanzamento non è esattamente quello che avevi in mente. Hai una vita davanti a te per fare l'upgrade!

(Tradotto: non far intuire neppure vagamente al tuo Principe azzurro che speravi in un diamante più grande.)

Convinciti del fatto che anche gli stilisti sbagliano...

(Tradotto: non incaponirti su un abito millefoglie verde-mucillagine, che ti fa sembrare reduce da una lavanda gastrica, solo perché è il modello di punta della tua griffe di riferimento.)

Nei momenti di massima, parossistica fibrillazione ricordati che amici & parenti hanno una vita oltre il tuo imminente matrimonio.

(Tradotto: non costringere mamma e papà a mettersi a dieta in previsione del servizio fotografico e le damigelle a prendere il sole in topless per evitare che il loro abito sia rovinato dai segni del bikini.)

Sappi che i giornali rappresentano solo uno spunto.

(Tradotto: non farti cogliere da una crisi isterica perché

il fiorista non è stato in grado di clonare alla perfezione il bouquet consigliato da Martha Stewart nel suo ultimo libro.)

Il proverbio da osservare con rispetto e devozione assoluta durante i preparativi è: «Il troppo stroppia».

(Tradotto: Hollywood non insegna. L'eccesso – di ricami sull'abito da sposa, addobbi in chiesa, portate durante il pranzo – è tutt'altro che principesco.)

Anche se sei affezionatissima al tuo carlino, non fare le classiche cose «da cani»...

(Tradotto: l'amore per il quattrozampe di casa non conosce limiti, si sa. Nonostante ciò, astieniti dalla tentazione di far realizzare dal tuo sarto un tight su misura tutto per lui, con minicilindro in abbinamento.)

Via da Las Vegas! (e non mi sto riferendo al bellissimo film del 1995, con Nicholas Cage ed Elisabeth Shue).

(Tradotto: le nozze lampo nella capitale del gioco d'azzardo fanno molto Britney Spears in fase alcolica. Perché doverti ricordare per tutta la vita che lui si era travestito da Elvis Presley e tu, imbozzolata in un paio di jeans bianchi per un commovente tentativo di pendant cromatico, sembravi ingessata dalla vita in giù?)

Bibliografia

ALBERONI, FRANCESCO, «Perché l'onesto è più creativo ed efficiente!», rubrica Pubblico & Privato, *Corriere della Sera*, 12 febbraio 2007, pag. 1.

ANDERSEN, HANS CHRISTIAN, *Fiabe*, Einaudi, Torino 1970.

BRANDEN, NATHANIEL, *Le donne e la stima di sé – Battaglie e trionfi, alla ricerca della propria identità*, Corbaccio, Milano 2000.

BRITTEN, FLEUR, *Etiquette for Girls*, Debrett's Limited, Richmond (Surrey) 2006.

CASTAGNOLI, FRANCESCA, *Princess – You Know Who You Are*, Broadway Books, New York 2003.

CLEARY, NOELLE e VON MUEFFLING, DINI, *The Art and Power of Being a Lady*, Grove Press, Richmond (Surrey) 2007.

DHERBIER, YANN-BRICE e VERLHAC, PIERRE-HENRY, *Grace Kelly – A Life in Pictures*, Pavilion, Londra 2006.

ERWIN, ELLEN e DIAMOND, JESSICA Z., *Audrey Hepburn – Fotografie e ricordi di una vita di stile e impegno*, White Star, Vercelli 2006.

FRANK, CLAUDIA e NATALI, FRANCESCA, *Arte del ricevere – Quando il gesto dell'ospitalità diventa arte ed emozione*, Baldini & Castoldi, Milano 2002.

GAWAIN, SHAKTI, *Il potere della visualizzazione creativa*, Gruppo Editoriale Futura, Milano 1997.

GRIMM, JACOB e WILHELM, *Fiabe*, Einaudi, Torino 1970.

HELLSTERN, MELISSA, *How to Be Lovely – The Audrey Hepburn Way of Life*, Dutton, New York 2004.

HUFFMAN, FELICITY e WOLFF, PATRICIA, *A Practical Handbook for the Boyfriend (For Every Guy Who Wants To Be One, For Every Girl Who Wants To Build One!)*, Hyperion, New York 2007.

IZZO, KIM e MARSH, CERI, *La guida allo stile della fab girl – Come diventare una ragazza sofisticata*, Sonzogno, Milano 2004.

LANZA, ELDA, *Signori si diventa – Le nuove regole dello stile quotidiano*, Mondadori, Milano 2005.

MATTERN, JOANNE, *Diana, Princess of Wales – A Photographic Story of a Life*, Dorling Kindersley Limited, Londra 2006.

MCGRAW, PHIL, *La soluzione 80%: L'uomo giusto non è mai quello perfetto – Una guida per trovarlo a colpo sicuro*, Sperling & Kupfer, Milano 2006.

MINCHINTON, JERRY, *Credi in te – Le 52 cose che puoi fare per migliorare la tua autostima*, Armenia, Milano 2002.

MORAN, VICTORIA, *La vita che hai sempre voluto – I segreti che ogni donna impegnata dovrebbe conoscere*, Bompiani, Milano 2000.

MORTON, CAMILLA, *Mission possible*, Sperling & Kupfer, Milano 2007.

OLLIVIER, DEBRA, *Entre nous: A Woman's Guide to Finding Her Inner French Girl*, St. Martin's Griffin, New York 2003.

RONCHI DELLA ROCCA, BARBARA, *Invito a nozze – Il galateo del matrimonio dalla A alla Z*, Sperling & Kupfer, Milano 1997.

RONCHI DELLA ROCCA, BARBARA, *Questioni di stile – Il galateo moderno*, Sperling & Kupfer, Milano 1997.

SANDER, JENNIFER «GIN», *Wear More Cashmere – 151 Luxurious Ways To Pamper Your Inner Princess*, Fair Winds, Gloucester (Massachusetts) 2003.

SCANLON, GISÈLE, *The Goddess Guide*, HarperCollins Publishers, Londra 2006.

SPADE, KATE, *Style*, Simon & Schuster, New York 2004.

STERNE, HILARY, *InStyle Weddings*, Melcher Media for InStyle Books and Time Inc. Home Entertainment, New York 2005.

TARABORRELLI, J. RANDY, *Once Upon a Time – The Story of Princess Grace, Prince Rainier and Their Family*, Sidgwick & Jackson, Londra 2003.

TOJA, OLIVIA, *Le nuove regole del galateo*, Morellini Editore, Milano 2006.

TURNER, CATHERINE, «The Make-up Artists' Guide to Looking Younger», *Easy Living*, settembre 2006, pagg. 149 e 150.

WILSON SOLOVIC, SUSAN, *The Girls' Guide to Power and Success*, MJF Books, New York 2001.

DVD

Aladdin, Walt Disney I Classici, Walt Disney Home Video, The Walt Disney Company, distribuito a cura di Buena Vista Home Entertainment srl, Milano 1994.

Cenerentola, Walt Disney I Classici, Walt Disney Home Video, The Walt Disney Company, distribuito a cura di Buena Vista Home Video srl, Milano 1992.

La Bella Addormentata nel Bosco, Walt Disney I Classici, Walt Disney Home Video, The Walt Disney Company, distribuito a cura di Buena Vista Home Entertainment srl, Milano 1994.

La Bella e la Bestia, Walt Disney I Classici, Walt Disney Home Video, The Walt Disney Company, distribuito a cura di Buena Vista Home Video srl, Milano 1993.

Biancaneve e i sette nani, Walt Disney I Classici, Disney Enterprises, Inc., distribuito a cura di Buena Vista Home Entertainment srl, Milano 2001.

Finito di stampare nel novembre 2008
presso la Mondadori Printing S.p.A.
Stabilimento N.S.M. di Cles (TN)
Printed in Italy